城市交通管理的现代化战略研究

许春善　著

北　京
冶　金　工　业　出　版　社
2019

内 容 简 介

本书共分 6 章，主要内容包括现代城市交通的发展现状与前景分析、现代城市交通的内涵与管理规划、现代城市交通管控模式与经济的协调发展、现代城市交通管理的策略、现代城市交通智能化管理模式的构建、现代城市“生态化”交通实现路径等。

本书可供交通工程管理等专业的师生及科研人员参考阅读。

图书在版编目(CIP)数据

城市交通管理的现代化战略研究/许春善著. —北京：冶金工业出版社，2018.8（2019.10 重印）

ISBN 978-7-5024-7895-7

Ⅰ.①城… Ⅱ.①许… Ⅲ.①城市交通运输—交通运输管理—研究—中国 Ⅳ.①F572

中国版本图书馆 CIP 数据核字(2018)第 201850 号

出 版 人 陈玉千
地　　址 北京市东城区嵩祝院北巷 39 号 邮编 100009 电话 (010)64027926
网　　址 www.cnmip.com.cn 电子信箱 yjcbs@cnmip.com.cn
责任编辑 俞跃春 贾怡雯 美术编辑 彭子赫 版式设计 孙跃红
责任校对 郑 娟 责任印制 李玉山
ISBN 978-7-5024-7895-7
冶金工业出版社出版发行；各地新华书店经销；北京中恒海德彩色印刷有限公司印刷
2018 年 8 月第 1 版，2019 年 10 月第 2 次印刷
169mm×239mm；11.5 印张；222 千字；174 页
68.00 元

冶金工业出版社 投稿电话 (010)64027932 投稿信箱 tougao@cnmip.com.cn
冶金工业出版社营销中心 电话 (010)64044283 传真 (010)64027893
冶金工业出版社天猫旗舰店 yjgycbs.tmall.com
（本书如有印装质量问题，本社营销中心负责退换）

前　言

随着城市化的持续推进，我国迎来了城市化的发展高峰。大城市、特大城市是根据地，不断地深入发展与扩张；中小城镇是突破点，集中资源迅猛发展。城市的飞速发展，打破了原有的空间状态与规模。城市化最大的体现便是现代交通运输，便捷的交通是一个城市发展的灵魂，带动着整个城市的运作。城市交通拥堵正是这种经济效应的显著表现，缓解城市交通拥堵，已经成为城市管理者、城市交通规划管理研究人员的共同目标，同时，城市的兴起与发展，也推动了交通技术和方式的进步。

本书是在分析城市化发展规律、城市交通的发展规律以及城市交通问题产生的基础上，结合作者多年研究成果编写而成的。本书内容涉及现代城市交通的发展现状与前景分析、现代城市交通的内涵与管理规划、现代城市交通管控模式与经济的协调发展、现代城市交通管理的策略、现代城市交通智能化管理模式的构建和现代城市“生态化”交通的实现路径等。

本书的特点有以下几个方面：(1) 整体性，作者全面地对城市交通管理的现代化战略研究进行了探讨和解读，从多方面和多角度结合实际状况做出了相关阐述；(2) 科学性，书中引入了大量的城市交通研究理论和科学研究成果，引用了多名学者的著名论述和研究；(3) 实用性，作者对书中的理论和专业内容都不同程度地通过相关的事例进行了补充说明，便于学习者更好地理解和阅读。

本书在编写过程中，参考和借鉴了国内外学者的相关理论和研究，在此深表谢意。

由于作者水平所限，书中不足之处，敬请读者提出宝贵意见，以便修正。

作　者

2018 年 7 月

目　录

1 现代城市交通的发展现状与前景分析

1.1 现代城市交通的发展现状

1.1.1 现代城市交通的阐述

1.1.1.1 城市交通的定义

城市交通是在城市范围内，由交通基础设施（交通网络、枢纽节点和设备等）、交通工具、交通运营、交通管理和交通服务等子系统构成，完成人流、物流和车流空间位移的综合交通系统。

城市交通因城市而生，城市因人的聚集和物流活动的活跃而得以繁荣，城市交通与城市的方方面面息息相关，是串联起城市各种活动和场所的重要载体。可以说城市交通运行状态是城市政治、经济、社会和百姓生活的综合体现，城市交通也是其基本支撑，城市交通的建设可以拉动城市的发展。

因此，城市交通与城市互为因果，是与城市相辅相成的城市子系统。基于此，城市交通具有社会复杂性，解决城市交通问题应该从城市社会系统的视角综合考虑，避免就城市交通而论城市交通。

1.1.1.2 城市交通的构成

城市交通的构成可以分为交通基础设施、交通运输设备、交通参与者和货物等。就交通基础设施而言，有道路、城市轨道交通、水运和交通场站与枢纽等。城市轨道交通又分为地铁、轻轨和市郊铁路等。交通运输设备有车辆、轨道、机电设备和交通通信系统等。车辆又分为各种汽车、电车、轨道交通车辆、摩托车和自行车等。城市又是人员高度聚集的场所，人人都是交通参与者，并且人员种类、年龄、文化程度和收入水平各异。因此，可以说城市交通系统是具有交通基础设施密度高、交通设备品种多样、交通参与者特性各异，并具有高度复杂性的巨系统。在我国城市道路上，还有机动车、非机动车和行人共面的混合交通，具有密度高、速度低等特性。城市交通就结构而言，具有高架、地面和地下设置的立体特征。因此，城市交通是具有高度复杂、立体、高密度的多方式综合交通。

1.1.1.3 城市交通需求

在城市交通领域，人们通常将需求分为以下几点：

（1）刚性需求。刚性需求是指受某种限制，时间窗窄的交通需求，如上班、上学、业务和有时间约束的货物配送等。

（2）弹性需求。弹性需求是指基本不受限制，时间窗宽的交通需求，如观光、娱乐、度假、购物、看病等。

（3）需求量。城市区域因人口密集和建筑密度高，所以交通出行需求巨大，并且分布不均衡。例如，据北京市交通委员会统计，2013 年北京市人口约 2115 万人，仅六环内日均客流约达 3100 万人次，全市公交日均出行达 2210 余万人次；二环以内主要聚集了行政办公、金融、娱乐等活动，路网交通压力突出，日高峰平均交通拥堵指数（交通拥堵程度的度量指标，最高值为 10）日均为 8.1。由于城市用地布局失衡，造成特殊时段方向上的客流和交通流失衡，2015 年北京的城市轨道交通早高峰常态限流站达 60 个；早高峰时段进城方向多条高速公路和城市快速路常发性交通拥堵，如东西南二环、东西南三环、西南四环、京藏高速、机场高速、阜石路、学院路等进京联络线。

（4）异质性。城市交通的构成、特征及交通需求因城市的类型和大小不同具有各自的特征，因此在进行城市交通规划、设计和管控时，进行具体的城市特征分析，并进行“量身定做”非常重要，切忌用一个固定不变的模式套用所有城市。

1.1.2 城市交通的发展历史

1.1.2.1 城市交通的诞生

城市诞生于农村，城市有兴盛和终焉。在一个特定的历史时期，城市有其大小，有盛衰。而城市交通与城市总保持着良好的关系，从不分离。我国古代城市（都城）规划依从形制，并经历了从“里坊制”到“街巷制”的演变。《周礼·考工记》是我国古代，也是人类早期社会提出的一种系统的城市规划制度。它规定了王城、诸侯城、都城三级城邑，各级城邑建置数及分布等。以王城规划建设为例，记载的“匠人营国，方九里，旁三门。国中九经九纬，经涂九轨。左祖右社，前朝后市，市朝一夫”规定了王城建设的规模及其城市交通网络（九经九纬）和断面结构（经涂九轨）标准。马车是这一时期的典型交通工具。

1.1.2.2 18 世纪的城市交通

18 世纪的工业革命实现了人类由手工业生产方式向大工业批量生产方式的转变。经济欲望推动了城市规模的扩大，多样化的目标使得城市结构变得复杂，尤其是第二次和第三次工业革命使得城市变得异常复杂，甚至带来了城市危机。随之而来的城市交通系统规模变得庞大、多样化、立体化和复杂化。

1814 年，史蒂芬森（George Stephenson）发明了蒸汽机车，人类加快了进入工业时代的脚步。1863 年再将蒸汽机车应用于英国伦敦的城市地铁，开创了城市轨道交通的先河。

1863 年，卡尔·本茨（Karl Benz）发明了汽车，使得城市道路交通实现了由人力车和马车向机动化交通工具的变迁，尤其是 1914 年亨利·福特（Henry Ford）的 T 形车问世，使得城市居民驾驶自己的汽车出行于城市巷道。

1.1.2.3 当今的城市交通

当今的城市交通形成了以轨道交通和道路交通为核心的交通网络，交通工具也形成了由公共交通、私人小汽车交通、出租车交通和非机动车交通等构成的多方式交通工具。交通方式多样化和高度机动化是当今城市交通工具的主要特征。

城市的发展和规模的扩大需要城市交通规模的扩张和交通工具的不断机动化。城市规模的扩大带来了城市结构的变革，大城市逐渐由单中心型向主城加卫星城型变化。然而，城市规模的无序扩张使得交通网络规模庞大、城市中心区的地价高涨、居民居住地外迁等导致出行成本增加和生活环境恶化等一系列问题。

1919 年，霍华德（Ebenezer Howard）提出了田园城市（garden city）的思想，他建议田园城市占地为 6000 英亩（2430 平方千米）。城市居中，占地 1000 英亩（405 平方千米），四周的农业用地占 5000 英亩（2025 平方千米），除耕地、牧场、果园、森林外，还包括农业学院和疗养院等。农业用地是保留的绿带，永远不得改作他用。在这 6000 英亩土地上，居住 32000 人，其中 30000 人居住在城市，2000 人散居在乡间。城市人口超过了规定数量，则应建设另一个新的城市。田园城市的平面为圆形，半径约 1240 码（约 1134 米）。中央是一个面积约 145 英亩（约 58.7 平方千米）的公园，有 6 条主干路从中心向外辐射，把城市分成 6 个区。城市最外圈地区建设各类工厂、仓库和市场，一面对着最外层的环形道路，另一面是环线轨道交通。

1933 年公布的《雅典宪章》阐述了“城市规划的关键点是城市四大功能：居住、工作、休憩、交通”，并对城市交通提出了建议，如道路应根据功能进行分级，人行道和机动车道应该分开设置等。

1973 年，George B. Dantzig 和 Thomas L. Saaty 出版专著《紧凑型城市——适于居住的城市环境规划》（Compact City：Plan for a Liveable Urban Environment），其目的是遏止城市的无序蔓延，节约和集约城市用地，减少交通出行成本。欧共体委员会（CEC）1990 年发布《城市环境绿皮书》，再次提出“紧凑城市”这一概念，并将其作为“一种解决居住和环境问题的途径”，认为它是符合可持续发展要求的。

我国改革开放以后，尤其是进入21世纪以来，城市交通，特别是城市道路交通和城市公共交通发展迅速，“公交都市”在全国40个城市示范实施。2014年以来，国家新型城镇化发展规划（2014~2020年）颁布实施，为我国大城市、城市群和城乡二元结构环境下的城市交通发展制定了发展战略和实施措施。

1.2 现代城市交通问题产生的原因分析

1.2.1 城市交通的主要范畴

城市交通研究的目的是把握一座城市的政治、经济、社会、用地、交通设施和交通出行的现状与将来，从而进行城市交通发展战略的制定、交通体系的规划与设计、交通出行需求的分析、交通基础设施的交通设计、交通系统的组织管理与控制、城市公共交通系统分析、城市交通系统经济分析、城市交通安全、城市智能交通系统等。下面从如下几个方面分别进行论述。

（1）城市交通概论。定义城市交通、城市交通系统及其各种交通方式，介绍城市交通问题、问题成因及解决思路，以及城市交通的研究内容。

（2）城市总体规划。介绍城市用地性质、用地分类、基于城市经济和社会发展、城市产业布局等规划进行城市用地规模、用地布局、用地规划的理论与方法，以及城市总体规划编制的步骤和方法等。

（3）城市交通调查。介绍城市交通出行现状，人的出行、机动车交通、公交车交通及运营、城市轨道交通运营等的数据采集、调查与分析技术和方法，以及数据的统计、数据建模及挖掘分析等。

（4）城市交通规划。基于城市总体规划和城市交通调查的结果，对城市交通基础设施的发展和使用现状做出评价，在对交通出行需求进行预测的基础上，给出路网、节点及停车场布局规划方案、建设方案等。

（5）城市交通流理论。介绍城市交通流数据采集、利用统计分析的方法进行宏观分析、车辆的跟驰、换道和超车及交通基础设施内的乘客的微观行为，以及交通流仿真等。

（6）城市公共交通。针对城市内的公共交通系统（含城市轨道交通、公共汽（电）车交通、快速公交BRT（bus rapid transit）、公交专用道等），介绍现状分析、客流分析、公共交通系统规划及其运营管理等。

（7）城市交通管理与控制。针对城市交通系统，分别介绍其运营管理与控制的理论、技术和方法。运营管理部分分为交通基础设施的标志标线；控制部分分为城市交通基础设施运行中的信号控制和无信号控制等。

（8）城市交通设计。介绍针对城市道路、公共交通、立体交叉、交叉口渠化、过街设施、交通衔接、停车场等城市交通基础设施，以及从交通功能、效率、安全和减少尾气排放等视角的所进行设计等。

(9) 城市交通枢纽。介绍城市交通枢纽的功能及其分类、交通枢纽的现状、交通枢纽的客货运量预测、交通枢纽的布局规划，以及交通枢纽的建设和运营管理模式等。

(10) 城市道路工程。介绍城市道路的路基路面、城市道路选线、道路的平纵横及竖曲线、城市平面交叉口、立体交叉、道路给排水、道路安全防护设施等的设计。

(11) 城市交通安全。介绍城市交通安全的内涵、交通安全与交通事故、城市交通系统中人车路和环境、交通事故统计分析、交通安全分析与评价、交通事故预测、交通安全设计、交通事故调查与处理，以及交通安全管理和交通事故预防等。

(12) 城市交通经济。介绍城市交通经济学的基本概念、交通与城市经济社会的发展关系、城市交通需求、城市交通供给、城市物流与城市经济、城市交通运输成本、城市交通运输价格、城市交通运输市场、城市交通的外部性、城市交通项目投资评估、城市交通经济政策及城市交通投资政策等。

(13) 城市智能交通系统。以城市道路和公共交通系统为核心，介绍城市智能交通系统的内涵、城市智能交通信息采集、城市智能交通系统的主要功能、城市智能交通系统规划及城市智能交通系统评价等。

1.2.2 城市交通问题及产生的原因

1.2.2.1 城市交通拥堵产生的问题

城市规模的无序发展带来了诸多问题，甚至被称为大城市的“城市病”，主要表现为人口膨胀、道路交通拥堵、交通事故频发、环境恶化、住房紧张、就业困难等，其中道路交通拥堵、交通事故频发和环境恶化是城市交通的主要问题。

1.2.2.2 城市交通拥堵产生的原因

A 城市道路交通拥堵产生的原因

城市道路交通拥堵是交通供给和交通需求耦合失衡所致。然而，交通供给与交通需求均具有非常复杂的特征。

(1) 城市交通供给。在我国的大部分城市里，由于“先天不足”带来的交通供给不足是造成道路交通拥堵的基本原因。供给不足可以分为交通建设用地供给不足、交通基础设施总量供给不足、交通体系结构和道路体系结构失衡等。

交通建设用地供给不足是在城市用地中，交通建设用地配置总量和比例过低，这是由于我国城市交通建设起步晚，在 GDP 至上的经济快速发展阶段，与工业、商业、房地产相比，城市交通用地没有得到应有的重视所致。

交通基础设施总量供给不足是没有配置与城市经济社会发展及交通出行需求相适应的交通基础设施数量，在城市交通建设用地配置不足的环境下，也难以规划和建设合理的交通基础设施数量。

城市交通体系结构是指城市交通中各种交通方式运营里程所占的比例，即城市轨道交通、道路、水运等的比例结构。对于一座城市而言，合理的交通体系结构是缓解道路交通拥堵的前置条件。当然，不同类型和等级的城市具有其合理的交通体系结构，其结构失衡将带来道路交通拥堵。例如，由于城市公共交通发展缓慢，造成过多的交通出行依赖私家车等私人交通工具，从而造成道路负担过重，交通需求超过其交通容量，带来道路交通拥堵。

道路体系结构是指城市道路中快速路、主干路、次干路和支路的比例。在城市道路体系中，即使道路总量供给合理，由于其结构不合理也会导致交通出行特征与道路功能不匹配，从而导致交通拥堵。例如，由于支路和次干路配置过少，造成过多的短距离出行集中于快速路或主干路，从而造成快速路和主干路交通拥堵。

（2）城市交通需求。城市交通需求过于旺盛，这是由于城市人口的膨胀和私家车保有的无序快速增长、城市公共交通系统发展滞后、私家车过度使用所致。城市交通的供给不足，交通需求过于旺盛，导致在城市范围或局部范围内交通出行需求远大于交通供给，在刚性需求多的时间段或线路产生失衡，从而造成道路交通拥堵。

（3）交通设计。城市交通网络结构没有科学引导交通出行，比如交通方式之间的衔接不当，道路断面功能设计欠合理，出入口数量、出入口的功能结构及出入口之间的距离欠合理，交叉口没有合理的渠化设计等。

（4）交通组织管理与控制。缺乏科学的交通组织管理与控制也是造成道路交通拥堵的原因之一。例如，对于潮汐交通流特征明显的道路而不按照其交通需求特征设置潮汐车道，信号交叉口的信号配时没有根据需求的多寡进行智能化自适应控制，交通标志缺位或设置不合理等。

（5）交通事件。交通事件是指随机发生的道路交通事故、车辆故障、道路损坏、降雨、降雪等事件。这些交通事件的发生通常造成车道或整个断面交通中断，带来线路甚至相关区域的交通拥堵。

B 交通事故频发的原因

城市交通事故分为道路交通事故、轨道交通事故和水上交通事故等。其中，与道路交通相比，城市轨道交通列车的受控程度高、水上交通运输量有限而相对安全。就道路交通而言，交通参与者、车辆、道路结构、气候环境、交通安全教育和交通执法等是影响交通事故的主要因素，具体表现在以下几方面：

（1）交通参与者。交通参与者是指车辆驾驶人、乘车人和路上行人等。车辆驾驶技术水平低、驾驶行为不规范及行人的守法意识差等均会导致交通事故的发生率增高。

（2）车辆。车辆的性能，尤其是制动性能差和视野不良是造成交通事故发生率高的原因。

（3）道路结构。道路平纵曲线、竖曲线、横断面、出入口及交叉口的结构设计会影响交通运行的顺畅和交通参与者的相互关系，从而影响交通事故的发生率，考虑道路交通功能和交通参与者交通行为的道路结构设计尤为重要。

（4）气候环境。雨、雪、雾等不良天气，因路面湿滑将影响车辆的制动性能和驾驶人视线和反应，容易引发交通事故。

（5）交通安全教育。交通参与者的交通安全知识需要安全教育获取。良好的交通安全教育会使交通参与者很好地遵守交通安全法律法规，从而安全驾驶或安全出行。

（6）交通执法。交通执法人员依照交通安全法进行严格执法，既是维护交通秩序和交通安全的保障，也是规范交通参与者行为的手段。

C 城市环境恶化的交通原因

机动车的过度发展和使用是城市环境恶化的直接原因，而交通发展战略和城市交通结构体系建设是导致交通环境恶化的间接原因。

（1）机动车的过度发展。与工业发达国家城市私人小汽车发展起始于20世纪50~60年代相比，我国城市的私人小汽车发展起步于21世纪初，可以说起步晚，但是发展速度远远大于工业发达国家。例如，北京的机动车从100万辆发展到200万辆用了6.5年，200万辆到300万辆用了4年，300万辆到400万辆用了2.5年，400万辆到500万辆用了2年，致使政府实施了机动车摇号购买政策，以限制其快速增长。与北京对应，日本东京前3个100万辆增长则分别用了5年、10年和12年，并且至今没有达到500万辆，也没有实施摇号购买政策。我国短时间快速发展的城市私家车的尾气排放使得城市空气环境每况愈下。

（2）机动车的过度使用。城市机动车，尤其是私家车的频繁使用也是导致交通环境恶化的原因。20世纪60~80年代，英国伦敦、美国洛杉矶等城市的空气污染事件，以及我国近年城市空气雾霾等均部分来自汽车尾气污染，即汽车的过度使用。例如，据北京市交通委员会统计，北京的机动车日均出行距离为45km。而东京的机动车日均距离为19km，即每天北京的1辆车相当于东京2辆车的使用。

（3）道路交通拥堵。机动车的过度发展和使用，公共交通等交通供给的缺位，使得城市道路交通拥堵不堪。拥堵的交通使得车辆行驶速度低，车辆以低速行驶甚至怠速停车又增加了车辆的尾气排放。

(4) 城市交通发展战略。公交导向城市发展，即 TOD（transit oriented development）模式被公认为是低污染的城市发展模式，而私家车导向的城市发展模式，则是高污染的发展模式。因此，制定什么样的城市交通发展战略，左右着城市环境及其可持续性，是对城市交通发展的顶层战略设计。

(5) 城市交通体系建设。一座城市的交通体系规划与设计是对其城市交通的顶层技术设计。在城市交通发展战略的指导下，建设一个完善的城市交通体系，做到各种交通方式“各尽所能，各得其所”，是保证良好城市环境和建设健康、宜居城市的保障。我国大多数城市的交通体系尚不完善，城市公共交通系统发展滞后，造成公交划分率低，致使居民出行过分依赖私家车，既影响了城市空气质量，又减少了非机动车和步行的出行，从而影响了健康。日本东京由于其交通体系构建合理，居民利用公共交通系统的出行比例高达近 90%，从交通方面保障了其空气质量。

1.2.3 城市交通系统分析的步骤及流程

如前所述，城市交通系统既是一个复杂的巨系统，也是一个社会子系统。因此，分析城市交通问题既需要深入分析交通系统自身，又需要从城市社会系统、城市经济和城市用地等方面进行系统分析，具体分析步骤如下：

(1) 城市经济社会发展分析。城市交通与城市相辅相成，城市交通除其特有的技术内容之外，还与城市的政治、经济、社会、人文、地理、用地等子系统有着密不可分的关系，甚至有些子系统是城市交通发展的前置条件，因此分析城市交通的前提是解构城市系统，把握这些子系统的现状与发展，梳理城市交通系统与这些子系统的关系。

(2) 城市交通系统分析。就城市交通系统自身而言，它又是一个由多种子系统组成的复杂系统，如城市道路系统、城市轨道交通系统、城市水运系统、城市公共汽（电）车系统、城市交通枢纽系统、城市停车系统、城市智能交通系统等。该步骤是分析与城市系统相耦合的城市交通系统规模，以及城市交通系统自身的合理体系结构。

(3) 城市交通运行现状分析。通过人工或各种自动化设备获取城市交通运行和交通出行数据，分析其整体及道路交通、轨道交通、公共汽（电）车交通、交通枢纽、停车、非机动车和步行及城市交通管理等子系统的运行状况，以及体制和机制等，并从效率、安全和环境等方面做出系统、科学的评价，找出存在的问题及问题的成因。

(4) 城市交通需求预测。在对城市交通系统运行现状进行分析的基础上，基于城市经济社会未来发展、城市产业发展和城市规划等，利用科学的方法对城市交通需求进行预测。

（5）城市交通规划。针对城市交通系统运营中的问题，结合城市经济社会未来发展、城市产业发展、城市规划和城市交通需求等，依据相应标准给出城市交通网络、交通枢纽、停车等设施规划方案；将城市交通需求预测分配到相应网络上，检验交通网络设计方案，必要时调整规划方案甚至对城市产业和城市规划提出调整要求。

（6）城市交通设计。基于城市交通现状分析和城市交通规划的成果，依据相关标准和专业知识，对城市交通系统设施，如道路断面、行人过街设施、交通枢纽、车站、站前广场、交叉口和停车设施等，从交通功能、效率、安全、环境和美观等方面进行优化设计。

（7）城市交通组织管理、调度与智能化控制。对城市区域、节点各断面交通流进行科学组织与调度，给出管理措施；针对信号控制的交通设施，从智能化控制、人性化服务、效率提高和交通安全等方面给出具体控制方案。

（8）城市交通系统评价与经济分析。对规划设计的城市交通设施，利用调查或规划数据进行科学评价，并从经济视角分析城市交通的供需、价格、外部性、投资和回报，以及制定经济社会行之有效的城市交通政策，如投融资、补贴、收费等政策。

1.3 现代城市交通的生态化与智能化管理发展趋势

1.3.1 现代城市交通的生态化

1.3.1.1 交通与交通需求

A 交通的内涵

“交通”通常被广义地定义为“人、货物、信息在地点间，并且伴随着人的思维意识的移动”。由于人和货物的移动与信息的移动在速度上的差异，以及信息的移动已经形成了独立的学科，所以，交通又被狭义地定义为“人或货物在地点间，并且伴随着人的思维意识的移动”。不能将自然界的物体单纯在地点间的移动认为属于交通的范畴。伴随着思维意识的移动可以分为两种：（1）移动的本身有价值，即人们通过移动获得精神快乐和休闲等，如旅行、驾车兜风等非日常性移动。（2）移动的结果有价值，即人们通过移动获得对自己或社会有价值的结果，如人们“工作”的移动结果既为社会创造财富，又为自己的生活奠定经济基础；“购物”移动使人们从物质和精神获得满足等，这些均属于日常性移动。

B 交通需求及分类

在经济学领域，按照供给与需求原理，有两种对交通需求的定义，第一种认为交通需求是人在主观上想要实现有意识的移动的愿望；第二种将交通商品与服务市场上消费者表现出来的对于交通商品与服务的具体有效需求称为交通需求。本书主要采用第一种对交通需求的定义，而将第二种定义所涉及的内容纳入交通出行行为的范畴。依照第一种定义，交通需求可以分为两类：（1）本源性交通需求，其移动的目的是移动者自己，且由他人难以代替的交通需求，例如上学、访友、观光、度假、看病等均是为了自己的交通需求，并且是不能由他人代替的行为；（2）派生性交通需求，由其他活动引起的，并且可以由他人代替的需求交通。例如业务、工作等产生的交通需求。传统的交通研究较多关注的内容为业务、工作等日常性交通需求，因此属于派生性交通需求的范畴。但是，随着人民生活水平的提高和周休两天制度在大多数国家的实施，近年来本源性交通需求也被作为研究对象广泛地研究着。例如，对旅游交通和假日交通的研究等。

根据目的的不同，可以将交通需求按照需求层次进行分类。马斯洛的需求层次理论将人的需求按照由低到高的层次分为生理需求、安全需求、社交需求、尊重需求和自我实现需求。交通需求也可以简单分为生存性交通需求（如上班、上学等）、维持性交通需求（如购物、就医等）和消遣性交通需求（如休闲健身、文化娱乐等）等。

在对居民交通需求进行研究时，居民的工作日交通需求通常是关注重点，其中生存性交通需求——通勤需求又是重中之重。

1.3.1.2 有关出行的研究

A 出行

出行（trip），指的是具体的交通行为，可以认为是居民出于某种目的而进行的位移，通常具有特定的出发地（origin）和特定的目的地（destination），每次出行都具有特定的方向性，对单独的一次出行而言，通常是单方向的。在广义上，居民的任何一次移动都构成一次出行，但是在一般的交通与出行行为研究中，出行必须与交通基础设施或交通工具有关，必须发生在某种城市道路之上，或者必须借助某种交通工具实现移动。居民在工作单位之内、住宅小区之内、休闲娱乐场地之内或同一建筑物内部的移动通常都不属于出行。出行是交通研究和分析的基本要素，交通规划之中经常应用的传统的物理模拟模型一般都以出行为基本分析单元。

以城市内部的出行为研究对象时，“出行”指城市居民在城市道路的移动，或乘坐其他交通工具在城市建成区内部的移动。

B 出行目的

出行行为有五个特性值得特别注意：出行目的、出行时间分布、城市出行的空间分布、选择所用的交通方式、出行成本。每一个特性都将会以某种形式出现在分析城市出行所采用的分析工具或方式中。下面将分别对这五个特性的概念进行研究与界定。

由于出行是伴随着人类思维意识的个体移动，因此必然有一定的出行目的。按照出行目的的不同划分，通常的出行类型包括：（1）工作出行——出行目的地为工作地点，如工厂、商店或办公室，即通勤；（2）购物出行——出行目的地为零售机构，不管它的场地大小或商品种类如何，有一些出行者到商店“只看不买”，最终并没有购买任何商品，这种出行也属于购物出行；（3）社交或娱乐出行——目的地为消遣或娱乐场所（如集会场所、游乐园、音乐厅或影剧院、体育比赛场馆）的文化出行，包括目的地为社交活动场所（聚会、拜访朋友）的出行，因外出就餐而产生的出行通常也被认为属于此类出行；（4）商业出行——日常工作期间的交通，这类交通的起点往往是工作场所；（5）学校出行——学生去学校的出行。其中工作出行与学校出行一般是研究重点。

由于出行被定义为单向运动，因此，常常用“基于家”这种说法来形容出行的目的，而且常常将出行简单归结为以下五种类型之一：基于家工作、基于家购物、基于家上学、基于家的其他活动以及非基于家的活动。

C 出行的时间分布

交通是居民参与城市活动的最主要的方式，居民依据需求与偏好的不同而在每天的不同时间从事不同的活动，因此城市出行分布呈现时间上的变化。最明显的就是通常是每天清晨 6：00~9：00 与傍晚 16：00~19：00 为交通高峰期或拥堵时间。城市内部上下班与上下学的活动多出现在这两个时段。

早晨和傍晚与通勤或回程相关的出行导致高峰时间的交通需求明显大于其他非高峰时间。交通峰值现象是公共交通服务的特点，城市公共交通系统在早晨和傍晚的高峰时间客流量显著高于其他时间。

在特殊时期交通需求的峰值导致公路和公共交通设施的拥堵。对于任何交通设施来说，拥堵只是一种状态，在这种状态下，对这种设施的使用量极大，以至于给该设施的使用者们带来了时间上的延误。这种情形通常发生在交通量与交通设施的通行能力接近时。交通经济学领域的实证研究显示，城市公路的需求峰值接近每小时平均需求的两倍。而对于公共交通设施而言，峰值需求有时会达到平均需求的 3~4 倍。公共交通乘客人数显著的峰值特征，对公共交通运营者提出了挑战，要求他们必须提供足够的通行能力来处理高于平均需求数倍的峰值需求。

从20世纪60年代开始，解决交通拥堵问题的传统对策通常是提高道路和公共交通网络的通行能力，以便在高峰期能适应增长的交通需求。其后一些成本通常更低、效果有时更好的解决途径逐渐得到更多的关注。“错峰上下班”方案得到广泛应用并取得了较好效果，即通过对工作时间的合理安排，使大量通勤者在不同的时间上下班，以期降低或“削平”峰值。另一类受到广泛重视的政策是鼓励居民通过通信手段来替代交通出行，减少交通需求。

治理交通拥堵的经济激励政策已在许多城市发挥重要作用。如中心区域的拥堵收费政策、以道路收费价格歧视为主要形式的高承载率车辆优先政策、高峰期与非高峰期公共交通差别定价政策等。

关注低碳城市交通发展时，研究城市居民交通行为的最终目的是关注城市交通能源需求与温室气体排放，而非交通拥堵问题，因此通常不对出行的时间分布进行专门研究。但由于控制城市交通能源需求与温室气体排放的政策与治理交通拥堵的政策存在一定程度的重合，因此在进行政策研究时，也需要关注出行的时间分布问题。

D 出行的空间分布

任何一次出行都是从某一个地点出发，到某一个目的地结束，起点和目的地都位于城市的特定地理位置上。因此，城市地区出行的空间分布直接关系到土地使用和交通系统网络结构的模式。

出行的空间分布要求城市交通管理部门对路网上的交通流量进行尽可能精确的描述。研究区域通常被划分到交通分析小区，它体现了出行起点与目标点的地理位置。每个交通小区都具有土地使用和人口统计学上的特点，可以根据这些特点估计这一区域可能产生的交通量以及吸引到的出行数量。

了解出行的空间分布成为城市交通研究中的一个重要组成部分，因为它表明了城市地区哪里容易产生交通问题、现有的交通系统能满足哪些层次的需求，以及哪些地区必须采取措施来提高系统功能。

E 出行方式分布

出行方式是交通系统中的基本组成部分。城市地区不同出行方式的交通比例（如公共交通、私人汽车、自行车、步行等）根据所在城市的不同而大不相同。城市地区公共交通在中心商业区出行中承担的比例通常显著高于其他地区，且在交通高峰期会相应地增加。

影响城市居民交通方式选择的因素众多。最重要的影响因素是对于某一次具体出行而言，选择不同出行方式时的出行时间差别。相关研究表明，在可以使用汽车交通的条件下，实际的或感觉到的公共交通出行时间大于使用汽车的出行时间时，出行者就会更倾向于使用汽车。其他重要的影响因素包括出行方式的可行性，如汽车的拥有权或公共交通的可达性，实际成本同预期成本的差别，舒适性或便利程度，如在目的地附近停车的可行性。出行方式的选择还与职业、收入、年龄以及其他社会经济特征有关。

近年来，许多国家的城市交通政策非常关注居民出行方式的转换。如以下具体政策：高速公路上为高承载率汽车（如共享车辆、公共汽车）设计了优先通道，以便通过减少出行时间而使这些方式更具吸引力；停车政策通过限制可达性、提高停车价格、减少整体停车泊位供给来减少汽车作为通勤方式的吸引力；通过各种措施改善公共交通服务，以便提高其作为一种交通方式的吸引力。

出行者选择不同出行方式对应着差异巨大的能源消耗与温室气体排放。若不考虑制造交通工具等过程中的能耗与温室气体排放，通常可以认为非机动出行不产生能耗与温室气体排放。若选择地铁等轨道交通方式，根据一般的承载率，每个出行者乘坐轨道交通每行驶 100 千米约产生 0.23 千克二氧化碳排放量。公共汽车每行驶 100 千米约消耗柴油 0.016 吨，排放 52.13 千克二氧化碳（IPCC 清单指南）。以北京市为例，根据北京公交网的数据，2006~2008 年北京公交车年平均承载量为 0.4 人/千米，同时，北京公交车有近 74%为柴油车、22%燃料为液化天然气和汽油，约 4%为无轨电车，综合估计每个出行者乘坐公交车每 100 千米的二氧化碳排放量约为 1.3 千克。假设出行者独自一人驾驶私家车出行，根据目前的平均燃料经济性水平，每行驶 100 千米约排放二氧化碳 18.9 千克。由此可见，北京市居民采取私家车出行单位里程产生的二氧化碳排放约是公共汽车出行的 15 倍，轨道交通出行的 82 倍。

城市居民出行方式通常包括步行、自行车与电动自行车、公共汽车、市内轨道交通（地铁与轻轨）、私家车等。重要的换乘出行方式包括轨道交通与公共汽车之间的换乘、自行车与公共交通（公共汽车与轨道交通）之间的换乘、私家车与公共交通（公共汽车与轨道交通）之间的换乘。

F 出行成本

对于出行者而言，狭义的出行成本是与出行有关的现金支出——燃油费、停车费、通行税、出租车费或公共交通票价，对于私人汽车出行者而言也包括车辆购买、维修以及保险、相关税费等费用。而对出行成本更广义的理解包括交通出行的社会成本，主要有：交通设施的成本以及不由使用者直接买单，但其成本已经包含到非交通商品的价格中的商品；用于交通系统的建设、维修和运营的公共成本；交通相关影响给社会带来的非货币成本，如空气污染对健康的影响、交通事故引起的伤亡以及出行的时间成本。在关注微观出行主体时，主要采用狭义的出行成本概念。但在进行公共政策研究时，会关注交通出行行为的社会成本。

1.3.1.3 交通需求与出行行为的辨析

“交通需求”是人在主观上想要实现有意识的移动的愿望，而“出行”指的是人有目的进行的由特定的出发地到目的地的单方向移动。由此可见，交通需求与出行的根本差异在于，前者是一种主观上的愿望，而后者是可以被观察到的，客观存在的移动现象。对于城市居民而言，交通需求是主观愿望，却是由客观因素决定的。由于交通需求是一种引致需求，居民为了满足生存性、维持性或消遣性等需求而不得不实现空间上的移动，客观存在的城市空间布局决定了居民是否需要出行与出行的距离，从而决定了居民的交通需求。出行行为是可以被观察到的客观现象，但对于城市居民而言，却是可以主观选择的行为。居民对于出行频率、出行时间、出行方式等的选择决定了出行行为。

居民的交通需求在现实中会表现为居民交通出行方面的一系列选择行为，包括出行距离的确定、出行频率的确定、出行方式的选择等。交通需求是交通出行行为的基础，交通出行行为则是交通需求的具体表现形式。交通需求反映了居民空间移动的潜在需求，可以通过不同形式的交通出行行为得到满足。

1.3.1.4 城市交通与城市空间结构

交通是一个空间特性极其突出的范畴，城市交通始终与城市空间结构形态及其演化交织在一起，密不可分。研究交通出行行为必须关注城市空间结构及其演化的相关概念。

A 城市交通

城市交通按照服务对象的不同，可以划分为城市客运交通和城市货运交通两个主要组成部分。由于主要以城市居民出行行为为研究对象，因此重点研究城市客运交通。

城市客运交通受到各种复杂因素的影响，这些因素涉及自然环境、社会、经济、政治、军事、文化等各个方面。在各类影响因素中，本书重点关注的是社会因素与经济因素的影响及其作用机制。

从空间上进行分类，可以将城市交通划分为城市内部交通、城市行政区域内的交通，以及不同城市之间的城际交通。本书的研究空间主要是城市内部，因此重点关注城市内部交通行为，但某些研究也会涉及城市行政区域内的交通。

B 城市空间

城市空间有很多种定义，从不同研究角度出发，对于城市空间概念的界定也会有所差异。在人文地理学和经济地理学的研究中，将城市空间等同于地理空间，主要体现出城市的物质属性，即城市地理区域内的各种物质。在社会学和人类学的研究中，将城市空间等同于社会空间，主要体现出城市居民的各种社会属性，即社会阶层、社区分布等。在城市经济学与区域经济学研究中，将城市空间等同于经济空间，研究重点是城市空间范围内发生的各种经济活动，由于这种研究中的空间是要素市场意义上的空间，因此在空间上通常要大于地理空间的范围。在心理学研究中，将城市空间等同于心理空间。从城市居民的认知和感知角度来理解和研究城市的空间属性。在信息学研究中将城市空间等同于信息空间，在生态学研究中将城市空间等同于生态空间。对低碳城市交通研究而言，主要关注城市的地理空间属性、社会空间属性和经济空间属性。

C　城市空间结构及其演化

城市空间结构是建立在城市空间概念之上的一个范畴。从不同角度研究，城市空间结构有不同的内涵。地理空间属性对应着城市的物质环境，社会空间属性对应着城市居民的各种功能活动，经济空间属性对应着各种经济活动与要素市场的空间分布。低碳城市交通研究主要关注城市的地理空间属性、社会空间属性和经济空间属性。因此通常从研究居民出行行为目的出发，在城市空间结构方面主要关注城市物质性、社会性与经济性要素的空间分布状态，包括人口居住的分布、就业的分布以及各种用地功能的分布等内容。

1.3.2 智能化交通发展的趋势

智能交通系统是未来交通系统的发展方向，它是将先进的信息技术、数据通信传输技术、电子传感技术、控制技术及计算机技术等有效地集成运用于整个地面交通管理系统而建立的一种在大范围内、全方位发挥作用的，实时、准确、高效的综合交通运输管理系统。在城市交通中大力发展、广泛推广智能交通可以有效地利用现有交通设施、减少交通负荷和环境污染、保证交通安全、提高运输效率。城市智能交通发展的总体趋势主要体现在两个方面：一是城市道路交通管理服务信息化；二是城市公交信息化。

1.3.2.1 城市道路交通管理服务信息化

城市道路交通管理系统是智能交通系统中重要的组成部分。城市交通需要涉及城市中交通管理、建设、公安等多个部门的协作，因此需要建设高效便捷的信息共享平台。交通管理平台也将作为目前很多城市正在建设的应急联动系统的一部分，在城市突发事件的应急指挥中起到相应的作用。

城市道路管理系统中还包括信号灯控制系统、路况指示系统、车牌识别系统、道路视频监控系统等。信号灯控制系统和路况指示牌主要帮助管理部门和车辆更了解所处的路况条件，以便进行最合理的道路管理和道路选择，提高道路运输的效率。车牌识别系统和道路视频监控系统除提高道路运输效率外，还对城市治安监控起到一定的作用。道路视频监控系统是以上系统中使用最为广泛的系统，在众多城市的“平安城市”建设中，道路视频监控已经被纳入建设范围。

兼容和整合是城市道路交通管理服务信息化的主要问题，因此，综合性的信息平台成为这一领域的应用热点。除了城市交通综合信息平台，一些纵向的比较有前景的应用有智能信号控制系统、电子警察、车载导航系统等。

1.3.2.2 城市公交信息化

目前国内的公交系统信息化应用还比较落后，智能公交调度系统在国内基本处于空白阶段，也是方案商可以重点发展的领域。在地域分布上，国内的各大城市特别是南方沿海地区对于智能交通的发展都非常重视。

根据国家未来的发展规划，城市智能交通系统的建设方面将继续加大力度发展。首先将在50个左右的大城市推广交通信息服务平台建设，提供交通信息查询、交通诱导等服务；在200个以上的城市发展城市智能控制信号系统，形成智能化的交通指挥系统；在100个以上的大城市推进大城市公共交通区域调度和相应系统的建设，加大电子化票务的建设与应用。

随着城市交通问题的日益发展，城市交通综合信息平台、全球定位与车载导航系统、城市公共交通车辆以及出租车的车辆指挥与调度系统、城市综合应急系统都将迎来较大的发展机遇。

总体而言，城市智能交通系统的发展趋势将表现为综合化、多部门驱动型的发展模式。由于城市智能交通体系将涉及相关的市民、公安交通管理、交通部门车辆管理、城市建设、通信等相关部门工作，因而未来城市智能交通的发展过程必然是一个涉及以交通与公安为主的多部门驱动的发展过程。

城市智能公交系统是主要针对城市内部公共交通的指挥、管理、调度、应急等方面的智能系统。城市智能公交系统主要实现对城市公共交通线路、车站、车辆的全面监控。通过各种辅助设备预知并合理调度公交资源，优化公交系统。此外，智能公交系统还可以与道路交通管理系统进行协作，实现既定的城市交通策略。比如，北京奥运期间通过GPS对公交车定位，和信号灯遥控系统协作，实施“公交优先”的交通策略。

智能交通系统在中国的发展尚不完善，未来还有众多领域有待于开发，市场前景广阔，在较长一段时间内都将继续呈现高速增长的态势。

2 现代城市交通的内涵与管理规划

2.1 城市交通的内涵解读

2.1.1 城市交通系统的关系

城市交通系统是城市社会系统中的一个子系统，它既包含于城市社会系统之中，又与城市用地系统和市政设施系统等其他子系统具有交集，它们之间相互依存和制约，人的广泛参与又使得城市交通系统具有高度的复杂性，如图 2-1 所示。

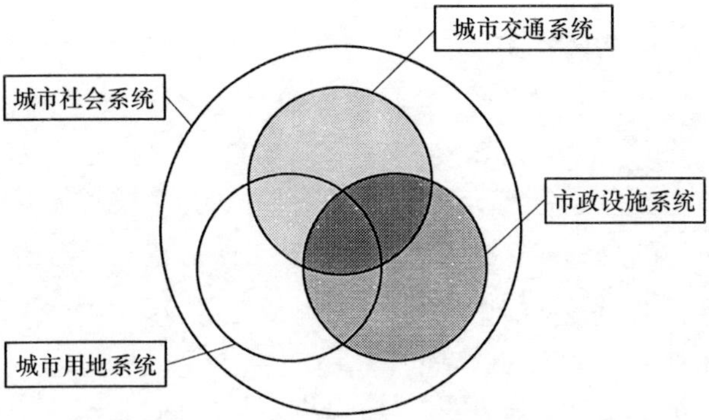

图 2-1 城市交通系统与城市其他子系统的关系

城市交通系统是一个具有综合性、立体化的多方式交通系统，从交通基础设施种类而言，分为城市轨道交通、城市道路、城市航道、城市管道和城市枢纽节点等，具有综合性。这些基础设施又被分别设置在地下、地面和地上高架，从而形成立体交通设施；就交通工具而言，有机动车、轨道交通、船舶、非机动车和行人，机动车又分为客车和货车，客车又分为私家车和运营客车，运营客车又分为公共汽（电）车、出租车和包车等，因此城市交通工具是由多种交通方式组成的；就其范围而言，有城市内部交通和城市对外交通。以下对其主要内容分别进行阐述。

2.1.2 城市交通方式的特征

在城市内部，各种交通方式具有其自身的特征。从适应的运输距离和运输密度（单位距离的客运量）的视角，如图 2-2 所示。

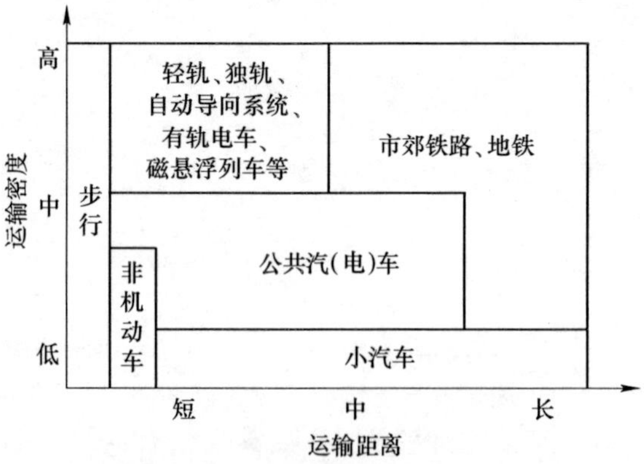

图 2-2 城市交通方式的运输特性示意图

2.2 城市交通的构成要素

2.2.1 城市轨道交通

城市轨道交通是以电力为动力，轮轨运行方式为主要特征的车辆或列车与轨道等各种相关设施的总和。它具有运能高、速度快、安全、准时、成本低、节约能源，以及能缓解道路交通拥堵和有利于环境保护等优点。

城市轨道交通因其特点常被称为“绿色交通”。世界范围内人口向城市聚集，城市化步伐加快，大中型城市普遍出现人口密集、住房紧缺、道路交通拥堵、环境污染严重、交通事故频发、能源缺乏等所谓的“城市病”。城市轨道交通经过 150 年的发展，机车车辆、自动控制、通信和信号等技术取得了很大的进步，很多方面代表和体现了当今高新科学技术发展的水平。发达国家城市交通发展的经验表明，轨道交通是解决大城市公共交通运输问题的重要途径，对于城市可持续发展有非常重要的意义。

自 19 世纪中叶，在城市里先后出现地铁与有轨电车以来，经过多年的研究、开发、建设与运营积累，城市轨道交通系统已经形成多种类型并存与发展的态势。根据轨道交通基本技术特征的不同，城市轨道交通主要有市郊铁路、地铁、轻轨、独轨和有轨电车等类型。另外，就城市群而言，还有连接城市群内部城市之间的城际铁路。

城市轨道交通系统由多个独立完成不同功能的子系统构成，包括线路、车辆、车站三大基础设备和电气、运行和信号等控制系统。

2.2.2 城市道路交通

城市道路交通是城市交通系统中的一个重要的子系统，由道路设施、管控设备、参与者和车辆构成，其功能是满足城市的各种交通出行活动和城市货物流动。

2.2.2.1 城市道路交通的方式

城市道路交通是保持城市活力最基础的设施，是城市生活的依托，拉动或制约着城市经济的发展。发展多层次、立体化、智能化的城市交通体系，将是城市建设发展中普遍追求的目标。对城市道路客运而言，发展高、中、低客运量相互匹配的多种形式相结合的道路交通工具，将是实现上述目标的重要技术支持。

城市道路交通从交通方式的角度划分，可以分为公共汽（电）车、行人、自行车、摩托车、小客车、出租车、作为公共交通补充的各类班车及各类货运汽车等。

A 公共汽（电）车

（1）公共汽车。现阶段，虽然快速轨道交通越来越普遍，但丝毫没有撼动公共汽车作为主要的客运方式的地位，很多发展中的国家，公共交通正在大量的使用，即使是发达国家，公共交通也是非常重要的交通方式。这说明公共汽车有其不可替代的使用价值。公共汽车所具有的特性，正像其他交通工具和交通方式一样，都有其独特的优越性和局限性。

公共汽车是城市最常见的一种公共客运交通工具，运量较大，运距较长。公共汽车的技术性能优势有加速性能好、机动性强、操纵轻便、乘坐舒适方便等。

目前我们国家的公共汽车分为很多类型，如果按照可载乘客数量来分的话，分为小、中、大三种。小型公共汽车的载客量为60~90人，中型为90~130人，大型铰接车为130~180人。

（2）公共电车。城市公共电车是一种以电力为动力，由导线导向的公共汽车，是一种运量较大、运距较长、环境友好的公共交通方式，在我国获得了比较多的应用。以北京的公共电车为例，一般采用2节车厢铰链式，载客130~180人。

（3）出租车。出租车在城市客运交通中起辅助作用，因而也称为准公共交通。出租车有四种车型，分别是微型、小型、中型和大型。租车者可以根据自己的需要来租用合适的车型。出租车在其运行的范围内，乘客可以制定起止点，比起其他的交通方式，出租车更加便捷。

B 私人交通

(1) 小客车。小客车的特点是机动性强，是可以实现“门到门”运输的个性化交通工具，适应的出行距离长。它可以根据乘客的需要来制定或者改变路线、由于不需要换乘，舒适度较高，而且比较符合个人的意愿，所以非常适合个人来使用。小客车的使用提高了人们的工作效率，加快了生活节奏，节约了时间，改善了出行条件，扩大了活动范围，带动了产业的发展，小客车无疑是现代世界物质文明的一大进步。但是也应看到，由于小客车的发展和广泛应用，特别是无计划、无控制的任意发展，在污染、交通、能源、占地等方面给城市带来了一系列难以解决的矛盾，使整个城市功能倾斜，城市交通已逐渐失去了它原本的服务本质。

(2) 自行车。自行车作为交通工具与城市交通方式之一，首先在西欧、北美的一些国家和城市得到应用和发展，经历了自行车交通多于汽车交通时期，如1930年哥本哈根自行车交通量占总交通量的70%，荷兰海牙1955年自行车交通量占59.5%，而机动车只占28.9%。20世纪60年代后随着汽车工业的发展，小客车的普及，自行车的使用率下降，如海牙1970年机动车交通量高达71.3%，而自行车只有14.8%，阿姆斯特丹自行车交通量也下降了50%。然而在拥有量方面，自行车却一直持续增长，欧美等国保持着相当高的水平。统计资料表明，到1978年年底，全世界自行车拥有量为4.5亿辆，平均约10人1辆，其中美国和日本分别拥有1亿辆和5000多万辆。1991年荷兰1400万居民拥有1200万辆自行车，平均拥有量最高，为0.86辆/人。非机动车使用起来非常自由方便，不需要汽油等燃料，而且非常环保健康，造价也普遍偏低，经济耐用性很强，非常符合广大民众的需要，这些是非机动车的优点。但其同时也存在缺点，如安全性低，舒适度差，稳定性也较低，还会受天气路况和距离远近的影响等。

(3) 摩托车。摩托车也是机动灵活、门对门、个性化交通工具，具有较强的机动性，适用于城市内部中短距离的出行。我们国家把摩托车分为两种，一种是轻便摩托车，另外一种是摩托车。轻便摩托车的特点是：发动机的工作容积小于50毫升，最大时速小于50千米。摩托车的特点是：质量小于400千克，最大时速大于50千米，或发动机容量大于50毫升的两轮或是三轮的机动车。

(4) 步行。步行是最基本、最健康的末端交通方式。行人交通是城市交通综合体系的重要部分。在现代城市内，步行作为上班等工作出行的比重虽逐渐下降，但作为中心商业区、住宅区和各种交通方式末端和换乘的方式，步行交通有其不可替代的作用。在中小城市，步行交通在交通构成中仍占有相当重要的地位。在机动化出行日益增强的现代化社会，如何尽量弃车步行将再度成为衡量现代社会文明和出行者文明的标志之一。

在大城市中心商业区，行人流量一般都很大，为2~3万人/小时，节假日短时间甚至高达3~5万人/小时。我国观测资料表明，步行交通在大城市中平均约占总出行量的37%，中等城市占50%以上，而小城市多达70%以上。我国的步行交通所占比例要比美国的高很多，不过在市区、商业区和住宅区的比重还是比较大的，一般步行比重在商业区为12%~25%。而在日本，在一些大城市如大阪、名古屋、东京等城市，步行的比重超过了1/4。

2.2.2.2 城市交通的结构

一个城市交通的发展策略决定了这个城市交通的结构形态。是现代城市交通系统的最高层次。现代城市交通体系包括公共汽电车、小客车及采用双轨、独轨、导轨、磁悬浮轨道的各类列车，交通网络包括地面道路网、地下轨道网络、地上高架道路、高架轨道。

城市交通结构体现在两方面：其一是作为各种交通方式载体的基础设施，即道路网络、轨道交通网络和公共汽电车网络的比例结构；其二是公共汽电车、轨道交通、私人小客车等交通方式的客运量比例结构，也称划分率。保持两者的合理结构，对解决城市交通问题至关重要。

目前的城市交通结构，可以概括为以下两种类型。

(1) 以大运量公共交通作为主要交通工具的类型。公共交通在这类城市结构中处于主导地位，公共交通包括无轨电车、小型公共汽车、公共汽车、城市铁路、地铁、市郊铁路、新交通系统等在内的综合公共交通系统。这一类型的城市一般都是城市建设密度较大的城市。如日本的8个主要城市的公交客运量占总客运量的51.6%，而小客车只占12.3%。俄罗斯的莫斯科、新加坡及我国的香港，城市客运都是以公交为主体。

(2) 以私人小客车作为城市主要客运交通工具的类型。这一类型的城市建设密度小，公交运营费用昂贵，效率很低。如美国的旧金山、洛杉矶、底特律、达拉斯、圣地亚哥等城市公交划分率均不到10%，而小客车的出行量大多占总出行量的70%以上。旧金山市的客运结构中，小客车占总出行量的75%，公交占8%，步行占15%，其他占2%。

2.2.3 城市航运交通

城市航运，即城市内河航运，是利用水上运输工具，如客船、货船和驳船等进行水上客货运的交通运输系统。

2.2.3.1 城市航运船舶的种类

(1) 客船。客船是指载运旅客及行李、邮件的运输船舶，一般搭载旅客在

12 人以上。客船分为海洋客船、旅游船、汽车客船和滚装客货船、小型高速客船和内河客船 5 种。用于城市内河水运的客船一般以小型高速客船（水上巴士）和内河客船为主。1）小型高速客船。包括水翼船和气垫船，具有速度快、适航性好的特点，多用于短途运输。2）内河客船。航行于江、河、湖等内陆水域上，载客量大且停靠频繁。

（2）货船。货船是指所有运输货物的船舶。一般来说，是不允许搭载乘客的，即使搭载，也不能多于 12 人，其包括散货船、集装箱船、液货船、滚装船、载驳船、冷藏船和驳船等，在城市货运中，以驳船居多。

驳船常指靠拖船或推船带动且为单甲板的平底船。上层建筑简单，一般无装卸货设备，也有的驳船自己有动力装置，称为自航驳。在沿海地区、内河和港内，驳船比较常见，因为这些区域基本上都是使用驳船来运送货物的，他们一般是将那些进不了港或者进港困难的大型货船上的货物进行转运，或者以船队的形式承接运输业务。驳船由于其体积较小，且结构简单，所以制造成本和管理维护费用较低，还可以在浅水且狭窄的水域内自由航行，可自由地进行组队等优点。

在我国的大部分城市，由于水系资源的缺乏，与其他交通方式相比，城市水上运输所占份额很少，多服务于城市观光旅游。

2.2.3.2 船舶设备及装置

现代船舶除了船体以外，为了使船舶正常运行，运送货物与旅客，还要安装相应的装置和设备。比如船舶动力装置、船体舾装设备、船舶管道系统、船舶电气设备、船舶通风、冷藏、空调等。这里主要对船舶动力装置和船体舾装设备进行详细的介绍。

A 船体舾装设备

（1）舵设备。在船舶上控制方向的装置称为舵设备。主要包括传动及操纵装置、舵机、舵等部分。舵系统控制方向的原理是：驾驶员通过控制舵轮（手柄），如果是自动舵的话，则由其发出信号，然后在传动装置的带动下，舵机进行工作，然后舵则在舵机的带动下转动起来来控制船的方向。舵的设计原则是使舵产生的转船力矩最大，而转舵所需要的力矩最小。通常舵装在船尾螺旋桨后，远离船舶转动中心，使舵产生转船力矩的力臂最大，而且使螺旋桨排出的水流作用于舵上，增加舵效。

（2）锚设备。主要有三部分，分别是锚、锚链和锚机。锚的主要作用是辅助制动，用来控制船舶在锚地停泊的时候使用。锚工作的原理是通过其在海底约是锚重四五倍的抓力加上锚链与海底地面产生的摩擦力来控制船舶。

常见的锚分为有档锚、无档锚及大抓力锚。商船常用的锚为无档锚中的霍尔锚。一般在船首左、右各布置一只锚，成为主锚。较大船舶还有备锚和装在尾部的尾锚。锚链用于连接锚与船体，当锚链在海底时，也可增加固定船舶的拉力。它由链环、卸扣、旋转链环和连接环组成。锚链的大小以链环的断面直径表示。锚链长度的单位是节，一般左右两侧舷锚链的长度分别是 12 节，每一节的长度是 27.5 米。而锚机的作用则是收锚，或者减小放锚的速度。目前商船上采用卧式锚机，两边通常还带动两个系缆绞盘用于收绞系缆用。

(3) 系泊设备。大多数船舶都采用系泊的方式来停泊的。系泊就是用船舷两侧的绳子把船固定在码头。绳子分为钢丝绳、棕绳和尼龙缆。尼龙缆是现在大多数船舶使用的缆绳。系泊船不仅需要缆绳，还要有导缆装置、带缆桩、卷缆车、绞缆机。如果船只比较先进的话，其卷缆车上就带收绞缆绳的动力。

(4) 起货设备。起货设备是指一种机械，主要用来装载货物和卸载货物。如果货物是液态的，则采用管路和输送泵来起货，如果货物是零散小件的，就会采用输送带或者抓斗的方式起货，如果货物体积较大，则会使用吊车或者吊杆来起货。一般来说，起重柱（或桅）、吊杆、钢丝绳、起货机、吊钩等部件就组成了起货设备或者吊杆。

起重吊车，将起货设备与起货机械合为一体。目前船上一般使用单臂吊车，又称为克令吊，克令吊通常布置在船首尾线上，也有全部布置在船舷一侧。负荷小的为几十吨，大的可达 500 吨。船上除克令吊，还有门式起重机。

(5) 救生设备。救生设备就是指船舶在水上发生事故时，必须要放弃船只时，为了保护船上成员的生命安全而配备的用来救生的工具，有救生圈、救生衣，救生艇等。

船舶不仅要配备以上的设施及工具，还要有门窗、消防设施、密封门等。

B　船舶动力装置

船舶动力装置是船舶上所有动力设备的统称，包括船舶前行和其他各种能源。

有的将它扩大为满足航行、各种作业、人员的生活和安全等需要所设置的全部机械、设备和系统的总称。船舶动力装置由推进装置、辅助装置、船舶管系、甲板机械与自动化设备组成。

(1) 推进装置。推进装置是船舶上一类设备的总称，船舶设置这类设备的目的就是为了保证航行速度，推进装置是船舶动力装置中的中心部分，也称主动装置。主动装置包括四个部分，主机、轴系、传动系统和推进器。轴系驱动器和传动设备将主机发出的动力转化为推力，推动船舶前行。根据主机形式不同，船舶动力装置可分为蒸汽动力装置、燃气动力装置和核动力装置。燃气动力装置的主机是采用直接加热式（内燃式），燃烧产生物即是工质。根据运动方式的不同，分为柴油机（往复式）与燃气轮机（回转式）动力装置两种。目前民用船舶使用内燃机最普遍。柴油机具有热效率高、起动迅速、安全可靠、质量轻、功率范围大等优点。在大中型民用船舶上使用的柴油机有大型低速和大功率中速两大类。船舶动力装置由于工作条件的特殊性，要求可靠、经济、机动性好、续航力长等。

（2）辅助装置。船舶除了需要推行装置所产生的能量外，还需要其他的能量，这部分能量就是由辅助装置来产生的。辅助装置一共有三个部分，压缩空气系统、船舶电站，还有辅助锅炉装置。压缩空气、电能和蒸汽就是由它们产生的。

（3）船舶管系。船舶管系是指为了某一专门用途而设置的输送流体（液体或气体）的成套设备。根据用途来区分，可分为两种：1）动力系统，它是一种管系，主要是用来服务主机和辅机安全运转的，有蒸汽、润滑油、燃油、淡水、海水、压缩空气等多个系统；2）船舶系统，这个系统是用来保障航行的安全和船上人员的日常生活服务的，有舱底水、压载、通风、空调、消防、饮用水等。

（4）甲板机械。船舶在行驶中、停泊时以及装卸货物时都需要有设备进行配合，比如起货机、锚机、舵机等，这类设备就是搅拌接卸。

（5）自动化设备。将设备设置成自动化的好处是可以对动力装置在远距离的地方进行操控，还可以对所有的设备进行集中的操控，可以将船舶上员工的工作条件优化，从而使工作的效率大大提高，同时维修方面的工作量大大减少。自动化的方式主要有自动调节、遥控、自动监测、自动报警，而自动化设备就是这一类设备的总成。

2.2.4 城市智能交通

2.2.4.1 智能交通系统的阐述

智能交通系统是指在整个交通运输管理系统中融入先进的技术，这些先进的技术有数据通信传输技术、信息技术、计算机处理技术，还有电子控制技术等，并把它们综合起来。同时对于交通信息进行及时的搜集、传送和处理；利用先进的科技方法和设备来及时地对交通情况进行调解和处置，从而构建一种先进的综合运输管理体系，具有准确、高效、实时的特点。这样的话，交通设施可以尽可能地发挥其作用，还能在安全性和效率方面得到很大的提高，最后也能实现交通运输在管理和服务两个方面的智能化，及其集约式的发展目标。

2.2.4.2 智能交通系统的特征

在世界范围内，各国就 ITS 技术积极地开展开放式交流。第一届 ITS 世界大会于1994年在法国首都巴黎正式开幕，这次会议的发起者是日本VERTIS和美国ITS协会，还有欧洲的ERTICO。这次会议之后慢慢地在很多国家都成立了ITS组织，如加拿大、韩国、澳大利亚等。后来日本VERTIS提议，组成了ITS亚太地区指导委员会，成员国有中国、新加坡、日本、韩国、印度、泰国、马来西亚、澳大利亚等。第一届的ITS世界大会成功召开之后的每一年，世界五大洲就轮流作为东道主来举办一次ITS世界大会，而且每次大会的参会人数都不少于两千人，这极大地促进了ITS在世界范围内的交流和发展。

分析其特征，有以下几点共性：这些发达国家的政府机关都非常的支持ITS；设立了专门的机构来负责ITS方面的领导和协调工作；这些国家的社会群体的积极参与性高；产品的种类丰富。

除美国、欧洲、日本外，世界上其他国家或地区也积极地投入到ITS的研发和实施中，主要包括加拿大和澳大利亚，以及亚太地区的一些工业化国家，如新加坡、马来西亚、韩国等。

A 美国

美国ITS发展的特征：由国家统一规划、投入充足、发展迅速。ITS研究开发工作是采用“自上而下”的方式，在组织ITS研究时，首先从ITS的体系结构着手，通过体系结构的研究，引出各子系统服务功能，并提供全面服务。

美国ITS的体系结构（National ITS Architecture，NA）从用户服务入手，一步步地将在未来美国所要实施和发展的物理、逻辑的结构确定了下来，根据各种背景的实际需求制定了很多的市场包。在2008年已经推出了第6个版本（National ITS Architecture Version 6.0）。

B 欧洲

欧洲ITS发展面临的是在跨国交通网络中实施ITS，在ITS实施中除了存在一些与其他国家共性的问题（如电子收费系统的实施、安全的改善等），也存在其特殊性的问题（PD改善国界间道路的衔接、交通信息服务的语言选择性等）。欧洲的ITS研究开发是由官方（主要是欧盟）与民间并行进行的。由于欧洲的国家大部分很小，各国的法律制度和技术标准不同，为了实施统一的ITS，欧洲更注重洲际合作和标准化，强调综合运输系统的智能化。欧洲ITS的项目研究有地域层次性的特征，主要包括：欧洲范围内项目（Europe-wide Projects），提供全欧服务、达成全欧一致性的项目；欧洲区域项目（Euro-regional Projects），在邻国边界地区实现连续、通用性服务达到跨边界协作的项目；成员国或地区项目（National and Regional Projects），欧盟资助的其他具有共同利益的项目。欧洲ITS开发采用了“自下而上”的方式，在组织ITS研究时，首先从各子系统服务功能着手，通过把私人、公共团体的研究成果联合起来，导出 ITS 的系统结构，并提供全面服务。

欧盟的 ITS 结构总体设计原则是：构建一个开放与稳定并存的系统，这个系统对于很多的路面的交通模式都可以给予支持，而且可以随意切换不同的模式，但对于技术方面的独立性不构成任何不良影响。在欧洲，对 ITS 的合作努力是伴随着具有最高效率和空前安全性的欧洲交通计划（Program for a European Traffic with Highest Efficiency and Unprecedented Safety，PROMETHEUS）和保障车辆安全的欧洲道路基础设施计划（Dedicated Road Infrastructure for Vehiclesafety in Europe，DRIVE）计划而开始的。PROMETHEUS 计划是面向汽车技术，而 DRIVE 计划是面向道路与交通控制技术。然而，组织机构并没有手段把这两种行动统一起来。为了满足统一这两种行动的要求，在 1991 年晚期成立由私人、公共团体组成的欧洲道路交通通信合作委员会（ERTICO）。成立这个组织的目的就是对欧洲的智能道路与车辆计划的科研、发展与实施进行检查与提供合作。而欧盟成立于 1957 年 3 月 25 日，它在推动和导向欧洲 ITS 协调实施中具有不可替代的作用。

C 日本

日本的 ITS 开发采用“自上而下”模式。日本 ITS 的发展采取产、官、学协调组织、充分利用已有成果、重视商品化的道路。由于日本经济的萧条，ITS 被认为是恢复经济的一种手段。日本积极地促进 ITS 产品的商业化，积极促进 ITS 的实施，如 ETC 安装已经达到收费公路通道的 90%以上，同时日本也通过 ITS 的建设激发了新技术市场。

日本的 ITS 结构总体设计原则是：不论社会需求如何改变，技术的发展将会带来什么样的变革，这个体系结构都要能够适应。这个体系结构还要确保 ITS 和这个拥有先进的信息和通信设施的社会是相关联的、相容的，整个社会的信息方面的组织结构就是 ITS 的信息资源和 ITS 的基础设施。

日本的 ITS 主要集中于道路交通，尤其是客运小轿车，因为日本认为道路交通是政府可以管理其中要素和相关主体（道路、驾驶员、车辆制造商、电子工业）的一种交通方式。1994 年，日本成立了车辆、道路、交通信息协会（VERTIS）。这是一个由政府部门倡导的组织，以希求合作。VERTIS 类似于欧洲的 ERTICO 和美国的 IVHS America 组织在发挥作用。在 1995 年 ITS Japan（原来的 VERTIS，2001 年 6 月改称为 ITS Japan）成立时，设定获得有效和安全的道路交通是主要的 ITS 目标。日本在 2001 年的时候，成立了 IT 战略总部，拥有这先进的通信和信息网络，总部长则是日本的内阁总理大臣。警察厅、总务省、国土交通省、经济产业省都隶属 IT 战略总部，这四个与 ITS 有关的政府部门与 IT 战略总部一起促进本国 ITS 的发展。不仅如此，为了促进 ITS 的标准化及产业化，这四个部门还和 ITS 标准化委员会以及 ITS Japan 相互协作。

在日本，有关智能车辆道路系统的进展比美国和欧洲都快。这是日本在战后经历了经济迅速发展，造成土地价格迅速上涨的缘故，日本政府授权它的国家政策机构（National Personnel Association，NPA）来组织、管理、经营所有城市交通系统中的有关地面交通部分。

因此 NPA 成了指导日本智能道路系统革新的关键机构。

日本特别重视 ITS 技术产品化发展和 ITS 的实地实验。如跨世纪工程通用交通管理系统（UTMS21）中的重要子系统动态路径引导系统（DRGS）和 AHS 进行了一系列实验。VICS（Vehicle Information & Communication System）作为 20 世纪最成功的 ITS 系统问世以后，经过 20 年的发展，截至 2014 年年底，已经累计销售 4600 余万套。目前，实施着被称为智能道路系数的国家 ITS 工程。

D　中国

我国的 ITS 启动于 20 世纪末，1999 年，在国家科技部和交通部的支持下，开始了“中国国家 ITS 体系框架的研究”和“国家 ITS 标准体系研究”，并形成了中国 ITS 体系框架。中国现阶段还是一个发展中国家，在发展 ITS 必须具备的条件方面，我们和发达国家有很大的差距，混合交通是我们国家特有的，而且我国的交通、道路网络、城市等的结构都存在很大缺陷，国内各地区的地理、人文、经济及交通基础设施等众多方面都存在巨大差异，这势必造成中国智能交通系统具有许多与众不同的特征。

（1）ITS 与基础设施建设并行。中国在 ITS 方面的开发和应用尚处于起步阶段，要想赶超西方发达国家，中国必须同时开展 ITS 的研究工作和交通基础设施建设。根据国家的“九五”计划和 2010 年发展纲要，交通部计划用 30 年左右的时间完成公路主骨架、水运主通道、港站主枢纽和支持保障系统的规划建设。

（2）ITS 的创新特点。中国交通运输正面临经济发展与资源制约的双重压力。一方面，要积极学习发达国家在 ITS 建设过程中的经验，如积极推进政府部门间以及与私有部门间的合作、运营的制度化、重视系统的集成和区域化等；另一方面，也不能重复发达国家走过的老路，一定要立足本国实际，走中国 ITS 发展之路，以推动我国信息化进程及培育自己的 ITS 产业。

（3）分地区、分阶段的发展特点。由于中国地域辽阔，东西部地区 ITS 发展严重不平衡，呈现出 ITS 在发展过程中的区域性，这种发展是符合中国国情的。中国目前的 ITS 水平还不够先进，必须分阶段实施 ITS 的发展战略，在注重基础设施建设的基础上，进一步提高技术水平，促进我国 ITS 的全面稳步发展。

（4）ITS 产品主要应用基础设施建设。国内 ITS 产品分为两种类型：1）硬件设备；2）软硬件集成系统。硬件设备主要以各种交通信息检测产品为主，主要有单通道交通检测器、四通道交通检测器、事件检测器、跟踪识别设备、车辆计数器、非接触感应读卡器等。软硬件集成系统多是利用检测设备探测各类交通信息，结合交通流理论、车辆管理政策、驾驶员管理政策、交通事故管理政策、交通法规等集成的。

高速公路不停车联网收费系统（ETC），是我国经过近10年的研究和开发，形成的具有自主知识产权的、最成功的ITS系统之一。该系统在我国的跨省份、跨区域高速公路网的收费系统运营中发挥着重要作用。

2.2.4.3 智能交通系统的组成

智能交通系统的主要内容包括：先进的交通管理系统（advanced traffic management system，ATMS）；先进的旅行者信息系统（advanced traveler information systems，ATIS）；先进的公共运输系统（advanced public transportation systems，APTS）；商用车辆运营系统（commercial vehicle operation，CVO）；先进的车辆控制系统（advanced vehicle control system，AVCS）；自动公路系统（automated highway system，AHS）等。

A 先进的交通管理系统

美国Mobility 2000报告中将交通管理系统定义为“为了监视、控制和管理城市街道和公路交通而设的一系列法规、人员、硬件和软件的组合”，先进的交通管理系统的主要功能子系统包括交通监视、装置控制、事故管理、出行需求管理、废气排放管理、公路铁路交叉口管理。

B 先进的旅行者信息系统

先进的旅行者信息系统是运用各种先进的通信、信息技术向利用私家车、公共汽车或同时利用这两种交通方式的出行者提供所需的各种出行相关信息的系统，主要包括以下5种服务。

(1) 出行前信息服务。出行者可以利用现代社会中先进的技术，如计算机网络、多媒体、通信、电子等，在出行之前借助于各种媒体来对出行目的地的信息服务系统进行访问，可以得到一些有关的信息，如出行的道路、出行的时间、出行的方式、现在道路和公共等交通系统等，从而为制订出行计划提供了依据。

(2) 行驶中驾驶员信息服务。可以采用声音或者影像的方式来将出行的选项、道路状况、车辆在行驶状态下的准确信息、警告方面的信息等传达给车辆驾驶者，还可以给有需要的驾驶者提供导航功能。

(3) 途中公共交通信息服务。对于已经在途中的公交乘客来说，可以采用先进的技术使他们无论是在路边，或者是站台、又或者是车辆上，都可以随时的借助多媒体来了解最新的公交出行的信息，这样乘客就可以根据自己的实际情况来调整自己的出行，如路线、时间、方式等。

(4) 个性化信息服务。采用先进的信息技术，然后借助于各种各样的媒体和可携带的小型设备、如智能手机、平板电脑等来对一些个性化的信息服务系统进行访问，便可以查询到一些有关于社会公共服务或者设施的信息，如商场、医院、酒店、停车场、汽车修理厂等的详细地址、联系电话、营业（或办公）时间等。

(5) 路径诱导及导航服务。可以采用先进的技术，如信息的采集、处理、发布、通信、电子技术等方面，这样可以把大量的与行驶有关的信息传达给驾驶者，让他们所行驶的路径是最好的，车辆在路途中也避免了不必要的滞留，进而不仅大大减小了交通压力，同时交通堵塞和时间延误的情况也得到了很大的改善。

C 先进的公共运输系统

公共交通一直致力于舒适度、便捷性、运行效率等方面的提高，并且效果显著，所以，它一直以来也被认为是化解交通拥堵的良方。ITS 系统的子系统包括公共运输系统。而 APTS 是一种新型的城市客运公共运输体系，它的主体是公共汽车和电车（有轨和无轨），其他的方式为辅，如出租汽车、轻轨、地铁、客运轮渡等。把先进的电子技术运用到一些车辆的使用和运行之中，这些车辆包括使用频率高、拼车形式的车辆，搭载人数较多且舒适度较高的公汽，还有就是依靠轨道来行驶的车辆等。来促进公共运输系统的发展壮大。

D 商用车辆运营系统

商用车辆运营服务涉及商用车辆的运营生产管理、安全性能管理等多个方面。通过提供商用车辆运营服务，可以简化如注册情况、车辆技术性能、轴荷、尺寸等检查的程序，优化配送计划，提高管理效率，减少延误，提高运输生产效率。此外，该系统还能为商用车辆运营提供有效的检查、监控，提高商用车辆营运的安全度。

商用车辆运营用户服务主要包括商用车辆电子通关、商用车辆管理、车载安全监控、危险品应急响应和商用车辆辅助运营等。

E 先进的车辆控制系统

先进的车辆控制系统是由一系列车载设备组成的检测、决策及控制系统，该系统与基础设施或其协调系统中的检测设备配合来检测周围环境对驾驶员和车辆产生影响的各种因素，并根据检测结果进行辅助控制或自动驾驶控制，以达到行车安全高效和增加道路通行能力的目的。其本质就是将先进的检测技术、通信技术、控制技术和交通流理论综合运用于车-路系统中，为驾驶员提供一个良好的驾驶环境，在一定的条件下实现自动驾驶。

F 自动公路系统

自动公路系统是指用现代化的传感技术、通信技术、计算机技术和检测技术装备的公路系统。它能够实现车路通信和车车通信，利用车辆上的智能车载设备自动控制车辆的行驶方向、行驶速度和车辆间距，从而使车辆自动行驶于其上。

美国国家自动公路系统联盟（National Automated Highway System Consortium, NAHSC）将 AHS 诠释为："以目前的公路系统为基础进行改装，能够实现全自动的无人（hands-offend feet-off）驾驶，在安全性、有效性和舒适性上都要优于目前的公路系统，同时要让装备了智能设备的车辆不仅能够在自动公路上行驶，也要能够在非自动公路上行驶，在城市道路上是如此，在乡村公路上亦然。"

2.2.5 城市交通发展模式

2.2.5.1 城市交通发展模式的特征

城市交通发展模式是指交通运输在一定的区域范围内、一定的社会经济发展水平和一定的用地模式环境下形成的相对稳定的、具有特色的各种交通运输方式在结构、比例、功能和形态上呈现出的整体形式。和谐的城市交通源自该发展模式与城市土地利用和城市经济发展的和谐。城市交通发展模式的特征主要体现在以下几方面。

(1) 交通运输发展水平体现了在一定的区域范围内、一定的社会经济水平和一定的用地模式环境下，各种交通方式的完善程度、供应能力的发达程度。

(2) 各种交通方式在整体交通运输系统中的地位、作用、比重、结构，以及各种交通运输方式之间的分工协作所形成的格局。

(3) 交通运输为满足和促进社会经济和城市土地利用发展需要，在历史发展过程中形成的交通枢纽、交通网络、交通工具的辐射范围、运输能力、运输速度和运输适应性等综合功能。

(4) 交通发展模式反映了社会经济发展、土地利用与交通发展的相互作用及交通自身发展规律，决定了交通发展趋势和起主导作用的典型交通运输形态。

2.2.5.2 城市交通发展模式的政策制定

交通布局的合理对一座城市来说十分重要，所以，国内很多城市都对交通系统的构建展开了全面的研究，并且在实践中不断完善交通的标准，这些研究有助于提高居民的生活质量。交通政策的选择要适合城市的交通发展模式。

A 日本模式（重在发展快速轨道交通系统的城市交通发展模式）

日本人多地少，人口大多在大城市，包括东京在内的11个城市有着数百万的人口还有很多城市也有数十万的人口，大城市的人流量高度集中，相邻城市和市中心的客流量增大，这也就需要快速的、大容量的轨道交通来运行，大容量的交通运输主要包括地铁和轻轨等，日本国土资源有限建筑物之间距离小，也就导致了多重轨道交通的发展，补充了交通流量的不足。这样的一个多层次、多模式的轨道交通系统具有的主要特点是：运输数量大、速度快、造成的污染少，更加可靠便捷安全，人均占用道路面积率小、节约土地等。

日本的城市交通主要满足了通勤等重要的事情，完成了大量的客运任务，根据统计结果，日本的三大都市圈占据了日本的客运量的八成。

B 美国模式（以多元化政策体系调节城市交通发展模式）

美国国家汽车工业非常发达，号称“车轮上的国家”，自卡尔·本茨制造出第一辆汽车以来，汽车工业在全世界获得了迅速的发展、由此带来巨大的交通系统，因此，自1980年以来，运输到美国地方的“自治政策”，从而促进了城市道路网建设，形成现代城市道路网络。然而，新的交通需求增长，导致交通更快速成长，需要新机会，而城市道路交通堵塞越来越明显。作为一种经济手段，监管政策首先是公路税和政府控制需求。到1989年前后，所有发达国家都采用了“绿色税制”，把汽车及汽油消费税收政策与国家环境政策直接联系起来，以期有效地抑制汽车总消费，达到既降低污染又缓解道路交通拥堵的目的。可以说，以经济手段为主的调控行为是该阶段美国交通发展模式的一个显著特点。进入20世纪90年代以后，旨在解决纯供给或纯需求方面的收费政策开始暴露出各自的局限性，当人们驾车消费成为一种习惯之后，经济杠杆的单纯作用越来越弱了。此时，美国政府开始扩展政策的视野，调整政策的重点，对公路交通拥堵的控制政策进入一个全新时期。这一阶段的特点是：政府从供需两个方面共同努力，以控制交通拥堵。需求方面的拥堵控制政策用来调节人们对运输系统现有能力的需求行为。这些政策通过多种多样的手段，来降低车辆运输的总量或在特定时期内降低特定路段及方向上的车流量等。具体政策也不再局限于经济调控，还包括了车道使用及分道政策、通信替代政策、交通信息服务政策甚至行政干预政策等。供给方面的拥堵管理政策的实施重点也有所改变，从过去以新修公路、扩大道路供给能力为主改为以鼓励和刺激公众充分利用现有公路的能力为主。其具体政策有区别对待政策及公交配套运用政策等。实践证明，这种着眼需求、立足现状的综合交通管理政策，能够有效地减缓城市交通拥堵状况。

C 莫斯科模式（以公共交通为主、以大运量快速轨道交通系统为骨干的城市交通发展模式）

莫斯科作为俄罗斯的政治、经济、文化、交通中心和重要的国际航空站，水、陆、空等各种交通运输方式齐备，城市内部交通全方位、立体化。城市交通系统主要由地铁、城市铁路、公交车、私家车等组成。莫斯科作为一个现代交通系统的城市，与其他国家的大城市相比，最明显的区别是莫斯科基本上坚持公共交通，地铁（大众快速轨道交通系统）是城市交通建设政策的支柱。加上外来人口和流动人口，莫斯科是人口超过百万的超级大城市，但城市交通问题并不突出，而且城市的道路交通设施用地只占城市总用地的10%，相比大量使用小客车的国家要节省用地25%~30%，城市交通的能源消耗相对减少，城市环境也更加良好，其主要原因是莫斯科50多年来一贯坚持这条总方针。

在莫斯科客运交通结构中，地面公共电汽车占55%，其次是地铁和城市铁路，分别为28%和11%。如把有轨电车也作为轨道交通考虑在内（因为莫斯科方面正在考虑将部分有轨电车改造为轻轨），则有轨快运交通比例可能高达46%。由于历史原因，莫斯科的私人小客车发展速度较慢，所以在城市交通客运量中的比例仅为4.5%左右，2000年达到每千人250辆。所以，从总体上看，莫斯科城市客运交通中，公共交通部分占了94%，是一个非常典型的以公共交通为主的城市。

D 中国模式

(1) 中国香港模式（以公共交通为主导，限制个体交通的城市交通发展模式）。香港由于人口众多且高度集中，日客流量高达1000万人次。土地道路网络就成了世界联通的方式，香港政府限制私人交通，成为了世界交通网络最密集的地方，发展公共交通，造就了香港发达的交通系统，在客运运营上可以说是世界的典范，尤其是轨道交通的相互协调，使得这种方式几乎完成了城市客运量的九成，在城市的交通建设中发挥了巨大的作用。香港特区政府规定，公共交通经营企业达不到指定的赢利标准时，可以向政府提出申请，要求适当提高票价。由于经营公共交通利润有保障，行业发展环境稳定，极大地吸引了各方投资者，进一步加速交通发展的同时，政府也对一些公共交通做出了补偿，经济和道路的优先使用权等，甚至开辟了公共交通的专用道路还有一些免收费政策等。此外，香港特区政府还要求企业根据客运量的变化，定期进行行车路线和站点的调整。一系列的交通政策切实、有效地确保了公共交通的优先地位。

并且，香港也在建造公共交通的时候限制了私家交通的运行，减少了小汽车的使用，提高了拍照所需要的费用，私家车的数量超过一定程度政府就要增加税收，同时购车优惠也要取消。其次，香港特区政府还通过控制停车位的方式来控制小客车的使用需求。香港市区的停车场极少，停车位的售价极高，不经允许，企业不得经营。

(2) 中国内地模式。在我国内地的许多城市，自行车、摩托车等慢行交通工具一直发挥着其使用方便、准时可靠和价格低廉的特点，成为城市交通系统中一个重要的组成部分。我国尚处于机动化和城镇化发展过程中，城市交通系统的欠账过多，可以说还没有形成显著的发展模式，只是根据城市发展水平的不同，城市交通的发展方向有些差异，突出的表现有北京、上海等大城市以建设道路为主发展为建设轨道交通和公交系统并举的发展模式。2005 年 9 月 23 日，国务院办公厅转发建设部等 6 部委《关于优先发展城市公共交通意见的通知》后，2005 年 11 月 17 日，百余城市在郑州签署了主旨为“公交优先在中国，让我们做得更好”的《郑州宣言》。从此以后，城市公交优先成为政府部门制定城市交通政策的主要依据，但是总体而言尚处于倡导阶段。2012 年开始，我国进行了大部制建设，就交通运输而言，组建了交通运输部，逐渐将民用航空运输、邮政、铁道和城市公共交通的运营管理归入交通运输部。由交通运输部推行的“公交都市”目前正在 40 个城市示范应用。相对上述国家和地区城市交通的特点，我国城市交通的主要特征如下：

1）城市交通基础设施薄弱。我国为发展中国家，绝大部分城市的交通设施仍处于开发时期，城市交通基础设施的基本建设任务尚未完成，与发达国家相比，我国的城市交通基础设施薄弱，主要表现在以下两个方面：①城市道路密度、人均道路面积率都相对较低，我国城市道路面积率多在 3%以下，而发达国家城市则在 10%以上，我国城市交通建设用地面积一般都不到 10%，而发达国家的城市交通建设用地往往达 20%以上；②城市交通管理设施薄弱，多数城市道路的交叉口信号灯设置率不到 50%，绝大多数城市道路信号交叉口为单点定时控制。

2）交通出行结构复杂。在发达国家，城市居民的主要出行方式为步行、公共交通及私人小客车，这 3 种出行方式占总体的 99%以上，自行车、出租车、摩托车等出行方式均较少。在我国，城市居民的主要出行方式为步行、公共交通及自行车，这 3 种出行方式占总体的 60%～95%，出租车、摩托车、单位车、私人小客车等出行方式也占有一定的比例，一般不超过 10%。在我国城市居民出行三大方式中：自行车出行是主体，占 50%～60%；其次是步行，占 20%～30%；公交车出行占第三位，个别特大城市的公交出行率占 20%，但大多数城市的公交出行率仅占 10%左右。

3）道路交通流机非混行。我国是自行车大国，道路交通流中自行车占有很高比例。除了城市快速路及部分主干路实行机非分离外，大部分主干路、次干路及支路均为机非混行。

4）道路交通密度高、速度低。上述 3 种特征导致了我国城市道路交通流中机动车、非机动车及行人之间的相互干扰，我国城市道路机动车运行车速一般都较低，交通流密度高。

2.3 城市交通的管理规划探索

城市交通是否顺畅决定了这座城市的社会经济活动的发展状况。在经济快速发展的过程中，城市交通呈现出的拥堵现象越来越严重。政府管理部门制定了近期实施性专项规划，来治理城市交通出行的各种问题。合理的城市交通管理规划，最大限度地帮助城市交通解决了很大部分的道路拥堵情况，现有的路网服务也随之越来越便利。

2.3.1 交通管理规划阐述

欧美发达国家在 20 世纪 70 年代基本完成大规模的城市交通基础设施建设后，从 20 世纪 70 年代末即开始将城市交通的重点定位于交通管理。20 世纪 80 年代初中期着重于利用计算机、通信及控制技术对城市交通实行系统管理，20 世纪 80 年代后期至 20 世纪 90 年代初期，又强调了城市交通的需求管理。20 世纪 90 年代中后期，又相继把当代最先进的高科技引入城市交通管理，耗费巨资实施以实现智能化交通环境为目标的各类大型研究计划，其重要目标就是做好城市交通管理规划工作。

目前，我国城市道路交通管理相关工作，正在用现代的交通管理方法逐渐地代替传统的管理模式。通过对未来交通管理工作的总体进行有效的把握，更好地增强交通管理的前瞻性。站在一定层次战略高度上制定科学的交通管理对策，利用完整的道路交通管理规划，保证了交通管理机制长期有效地执行下去。公安部和建设部于 2002 年 2 月通过了国务院的批准，为了能改善城市现有的交通环境，而在全国开始实施一项“畅通工程”。在城市多个部门共同合作下，同时加大软件和硬件的投入，来推动城市交通不断地向前发展，争取在一定时间内解决各大城市出现的交通“痼疾”，尽快地使我国的城市道路交通管理工作得到有效的整治。城市交通管理规划中，对“畅通工程”的执行情况成了评判这个城市交通管理水平的主要考核标准，致使在全国范围内的城市交通管理规划编制得到快速的开展。城市交通管理水平按照不同的等级划分，将城市的交通现状评判为模范管理模式和优秀管理模式，以及良好管理模式和合格管理模式。具体评价项目有交通有序畅通、管理科学高效、执法严格文明、服务热情规范、宣传广泛深入、设施齐全有效。《道路交通安全法》第四条规定：“各级人民政府应当保障道路交通安全管理工作与经济建设和社会发展相适应。县级以上地方各级人民政府应当适应道路交通发展的需要，依据道路交通安全法律、法规和国家有关政策，制定道路交通安全管理规划，并组织实施”，将交通管理规划的核心内容之一——“交通安全管理规划”编制工作法制化，从而使城市交通管理规划走上制度化正轨。

根据交通管理的目的和内容，以及目前国内编制城市交通管理规划的经验，城市交通管理规划工作可以概括为以保障城市交通安全、提高交通系统运行效率、有效管理交通需求为目的，根据社会经济与交通发展对交通管理的要求，依据城市总体规划、城市用地规划、城市交通规划及城市交通运行现状调查，应用交通工程、系统工程的理论和方法，制定城市交通管理的目标与策略，对城市交通管理体制、城市交通系统管理组织、城市交通管理设施、城市交通安全管理及城市交通管理科技应用与发展进行系统规划。

2.3.2 交通管理规划的内容

为了达到城市交通管理规划的编制目的，城市交通管理规划由交通管理现状问题与需求分析、城市交通管理发展目标与策略、城市交通管理长效发展机制、近期交通系统管理改善方案以及规划实施行动计划等部分内容组成。

2.3.2.1 城市交通管理现状问题与需求分析

通过社会经济和相关交通调查，获得大量的城市交通基础资料和信息，对城市交通管理现状存在的问题及城市社会经济发展对城市交通管理的需求进行分析。

(1) 通过交通流量流向，路段车速，交叉口的通行能力、延误和服务水平，停车场（库）布设及停车状况，公交线路的行程时间、满载率、平均速度、直达率、换乘率、换乘时间等各类调查，分析评价城市道路交通运行现状与问题。

(2) 从道路网络、等级、密度，公共交通场站位置、容量、发车频率、线路长度、线路停靠站、车站形式，停车场、枢纽位置、面积、规模等方面分析评价城市交通管理的基础——城市道路交通基础设施条件，区分引发交通问题的主导原因，也为在交通综合治理中提出相关工程技术措施提供依据。

(3) 从道路的标志、标线、交叉口信号灯、人行过街设置，交叉口的交通渠化组织，路网单行道、分时段或分车种车辆禁行等交通组织形式分析城市交通系统组织方面存在的问题。

(4) 从交通管理队伍建设、城市交通监控与管理中心完善程度、城市智能交通发展以及其他交通管理科技应用等方面分析城市交通管理软硬件现状存在的问题。

(5) 在城市交通管理现状及问题分析基础上，结合相关城市经济和交通发展预测分析近期及未来城市交通发展的态势，提出城市交通管理在交通管理机制、交通管理队伍、交通管理设施水平、交通管理科技等方面的需求。

2.3.2.2 制定城市交通管理发展目标和策略

城市交通管理的核心目标应当是确保城市道路交通的有序、安全、通畅。充分发挥交通管理效能，近期以综合治理交通秩序，合理组织与渠化交通、缓解城市交通拥挤堵塞为重点；远期则以实现与城市社会经济发展水平相一致，建立一个安全、畅通、秩序良好、环境污染小的城市交通系统为目标。

城市交通管理应当贯彻交通系统管理与交通需求管理相结合的策略。加强交通需求管理，合理控制城市交通总量，积极促进城市形成以社会化公共运输体系为主，多种交通运输方式相协调的城市交通结构。科学组织，合理限制，均衡调控，充分挖掘道路交叉口、路段、网络的交通容量潜力，提高道路的通行能力和服务水平。

2.3.2.3 建立交通管理长效发展机制

通过理顺交通管理机制，健全交通管理法制，提高交通管理队伍执法能力与装备水平，深入开展道路交通法制和安全宣传教育，建立交通安全事故防范机制，充分发挥现代交通科学技术与设备在交通管理中的作用，来建立城市交通管理的长效发展机制。

(1) 建立城市交通综合协调机构，加强城市公安交通管理部门同城市规划与建设部门的密切配合，形成高效有力的城市交通管理机制。

(2) 不断完善城市交通管理法规，使得城市交通管理有法可依。

(3) 配备足够的交通执法警力，提高交通管理人员素质。通过定期培训、考核，提高交通管理人员的交通管理基础知识、管理技术与管理素质，使交通管理人员能够做到有理、有礼、有节管理交通。

(4) 配备先进的交通执法装备。配备机动车辆、安装有卫星定位系统（GPS）的巡逻车、酒精检测仪、雷达测速枪、数码照相机、掌上电脑、汽车行驶记录仪、交通事故预警器、疲劳检测仪等交通管理执法装备。

(5) 形成社会化的交通安全宣传教育网络，寓宣传教育于执法管理之中，提高全民交通安全整体素质。

(6) 加大高新技术在道路交通管理中的研究应用，不断提高科学管理水平。

(7) 交通安全是居民出行和货物运输的首要条件，所以交通管理规划中应对交通安全管理进行重点详细规划，提出确保城市道路交通安全的有效措施。

(8) 建立完备的城市静态与动态交通管理基础数据库。静态基础数据包括各类道路及交通设施的统计数据；动态基础数据包括交叉口流量流向、路线行程车速变化及交通事故统计分析数据等。

2.3.2.4 近期交通系统管理改善方案制订

通过交通系统管理改善均衡道路负荷，有效利用道路设施，保障道路交通安全、有序，提高交通系统运行效率，优化信号控制与实施交通诱导，减少交通延误，是交通管理规划的重要组成部分。近期交通系统改善规划措施主要包括以下几个方面：

（1）城市道路交通系统组织。对城市过境交通、城市内部货运交通、城市快速路系统、城市主次干道系统、城市公共交通线路（公交专用道、公交专用路）、城市慢行交通系统（非机动车道、人行设施、非机动车专用道、步行街）、城市单向交通系统等各类交通时空分离措施进行系统梳理和合理组织。

（2）道路交叉口交通优化设计。对城市道路交叉口特别是重要节点交叉口，优化交通信号控制的设计方案，并且科学地划分交通空间，在交通组织方案中，交通信号的配时要根据交通流向和交通流量的改变而做出及时的调整。

（3）道路交通标志、标线系统管理与设计。通过连续规范地分析道路交通管理标志和标线对城市交通管理工作的影响，设计出完整统一的城市道路交通标志、标线。

（4）城市停车场规划与管理。对城市停车设施及停车状况进行普查，分析城市车辆停放特征，研究城市停车政策，对城市停车位设置和管理收费进行统一规划，加强对乱停车的管理。

2.3.2.5 智能交通与高新技术发展应用规划

（1）城市交通监控系统建设与发展规划。统一规划全市交通监控系统，规划交叉口关联控制（点控、线控、区域控制）的策略与范围，确定交叉口信号灯的设置标准，特别是机动车转向专用灯、非机动车信号灯以及行人信号灯的设置依据与标准。

（2）城市交通管理信息系统建设与发展规划。城市交通管理工作的执法水平和快速应变能力在高科技手段的帮助下得到很大的提高，城市的交通管理信息平台，也应该随之进行统一的规划建设。

（3）城市智能交通系统建设与发展规划。通过智能交通系统建设，使城市交通管理向信息化、智能化迈进，充分发挥城市交通管理的作用与效益。

2.3.2.6 拟订交通管理规划实施行动计划

建立一系列工作机制，实施一批交通管理措施，都必须通过具体的行动计划落实。因此，交通管理规划还必须分门别类详细列出近期需要制定、实施的行政、技术和工程措施，并对它们进行资金预算和排序，并落实各项措施实现的期限与相关责任部门。

2.3.3 城市交通管理规划编制

2.3.3.1 规划编制组织机构

由于城市交通管理规划的性质和所设计的工作内容有了很大的变化，编制城市交通管理规划的主管部门为城市公安交通管理部门。同时，由于城市交通管理的复杂性，涉及因素多、范围广，在规划编制过程中应组织城市交通管理其他相关部门协同编制。

2.3.3.2 编制原则

城市交通管理规划的编制一般遵循以下原则。

(1) 保持与城市总体规划、城市交通规划一致的原则。城市交通管理应以支持城市社会经济发展，促进城市交通健康有序发展，改善城市交通出行环境，提高城市居民生活质量为目标。

(2) 体现可持续发展、以人为本、公共交通优先的原则。城市交通管理设施的建设过程中，以及制定城市交通管理措施政策时，是否有益于城市交通可持续发展，能否满足以人为本和公共交通优先的基本要求，是值得考虑的重要问题。城市交通管理应全面落实“以人为本”理念，交通管理设施实行人性化设计，提供宜人的交通环境，管理政策更多地从方便广大城市居民日常出行的角度考虑。

(3) 应遵循远期讲战略、中期粗、近期细与标本兼治的原则。城市交通管理是最贴近城市居民日常生活的事务，几乎时时刻刻地与城市居民的生命安全息息相关，治理城市交通管理现状中出行的问题是城市交通管理规划的重要工作，从大处着眼，细部着手，重视城市道路交通系统运行的每一个细节。同时，又着眼长远，让城市交通管理工作符合社会经济发展水平的要求，确保城市交通管理能朝着合理有效的方向进行发展。

(4) 可实施性和滚动性原则。城市交通管理规划既不能违反国家的有关交通管理政策和法规以及标准和规范，又必须满足智能化和科学化的交通管理所提出的需求，制订的方案应具有适用性、可实施性，并能不断充实、完善和调整，实现滚动发展。

2.3.3.3 规划编制技术流程

城市交通管理规划编制一般技术流程如图 2-3 所示。

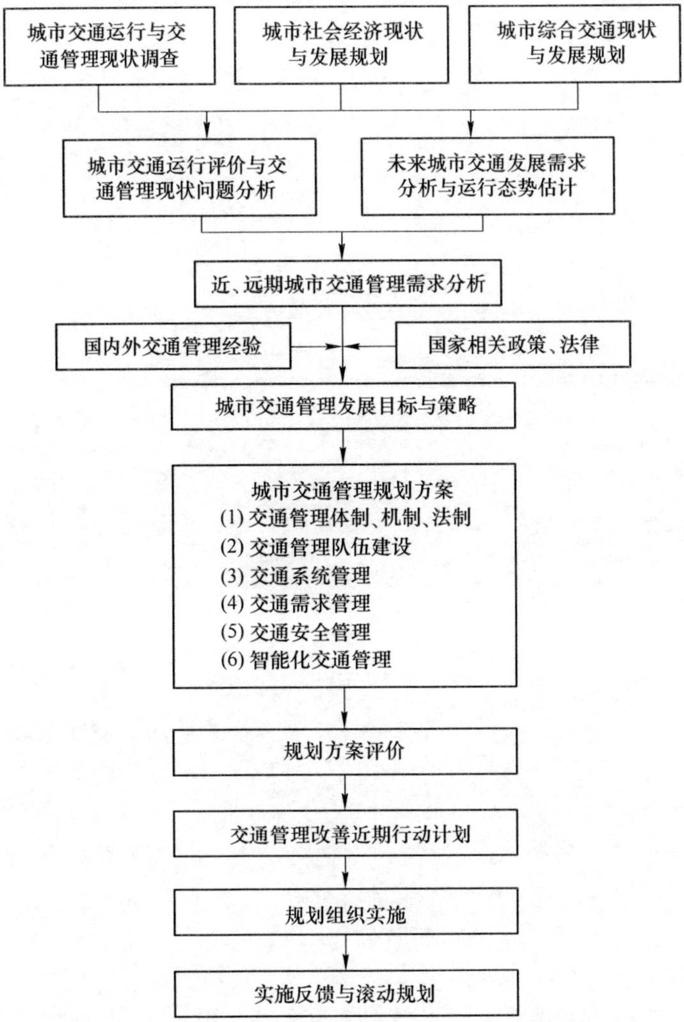

图 2-3 城市交通管理规划编制一般技术流程

2.3.3.4 保证城市交通管理规划的严肃性

为保证城市交通管理规划的严肃性和执行力度，在交通管理规划编制过程中，其编制大纲与编制成果应组织相关专家进行严格的论证，成果应报城市人民政府和人民代表大会常务委员会审查批准，然后由城市交通管理相关部门组织实施。

3 现代城市交通管控模式与经济的协调发展

3.1 交通管控模式的基本原则与发展趋势

3.1.1 交通管理与控制的基本原则

交通管理与控制要根据路网的交通状况，从宏观角度出发，利用现有的道路条件，运用交通工程学和现代科学方法，为了达到提高道路的通行能力，减少交通拥堵，降低交通公害的目的，我们需要对道路进行合理的分配和使用。

以下的四个原则应该在进行交通管理和控制设计的时候被遵循。

3.1.1.1 交通分离

交通分离是指采用科学交通管理手段，对各种交通形态在时间或空间上进行分离，以解决混行交通，达到各行其道、互不干扰的目的。交通分离有时间分离与空间分离两种形式。时间分离是指在同一道路空间，各种交通形态使用于不同的时间，以减少道路上集中的负荷和冲突。时间分离由信号相位的划分与更替来完成。空间分离是指各种不同的交通形态，在不同的道路平面或者同一道路平面，用道路工程设施和交通管理设施进行分隔，以减少不同形式交通流的相互干扰，消灭交通冲突点，保证道路交通的安全和畅通。空间分离靠交通渠化来实现。例如，使用专用车道与专用相位可以实现左转车辆、直行车辆、右转车辆之间的交通分离；使用人行道、非机动车道与机动车道可以实现行人、非机动车、机动车之间的交通分离。

3.1.1.2 交通连续

交通连续是指通过各种交通方式和交通工程之间的有机合理联系，尽量保持交通的畅通性与不间断性，从而使各个交通参与者在交通活动中尽可能地迅速、便利、经济。使用各种交通工具、交通组织与交通设施可以有效实现交通流的连续性。例如，路段上的行车道对应路口直行导向车道，可以保证直行车流不变换方向；路口进口导向车道对应出口车道，可以保证车流通过路口的连续性；在干道进行滤波协调信号控制设计，可以保证车流通过整条道路时间上的连续性；另外，修建自行车、公交、地铁、公路客运与铁路之间的换乘枢纽也是保证交通连续的有效措施之一。

3.1.1.3 交通流量均分

交通流量均分是指通过采取一些有效措施，对交通流进行科学的调节、疏导，实现交通流在时间和空间上均衡分布，简称交通分流。交通流量均分将使路网各处的交通压力趋于均衡，不至于某处由于交通压力过于集中而造成交通拥堵。实际上，交通流量均分是将路网中拥堵交叉口、拥堵路段或路段拥堵方向的一部分交通压力转移到相邻近的非拥堵交叉口、非拥堵路段或路段非拥堵方向；将一天中拥堵时段的一部分交通压力转移到非拥堵时段。例如，使用方向性变向交通可以使车流量方向性分布不均匀现象得以缓解，从而提高道路的利用率；使用非方向性变向交通对缓解各种不同类型的交通在时间分布上的不均匀性矛盾有较好的效果。

3.1.1.4 交通总量削减

交通总量削减是指在保证交通参与者的合法交通权利的前提下，采取各种管制措施，减少交通参与者的数量或削减所有交通参与者占用道路的时间与占用道路的面积之乘积的总和。当一个路网的交通总量接近于饱和，已没有交通压力转移的余地时，可以采取禁限部分车种行驶来削减路网交通总量，也可以采取供需互动关系来调整路网总体负荷，或是采用道路划分功能、交通流划分性质来分配道路交通流量。在各种交通总量削减的措施中，最为有效的还是提高公共运输系统的吸引力和效率、大力发展公共交通。

此外，在进行交通管理与控制设计时还应注意以下几点：

(1) 换位思维。对于一些交通组织调整，特别是单行、禁左、禁限措施的调整，在方案实施前，应站在禁限对象的角度查找时空的转移特性，把握住禁限组织与交通压力转移的内在联系。

(2) 以人为本。交通管理不应该仅仅以为了方便管理，也不应该只考虑机动车的交通组织，而是要以大多数人的方便为出发点，因为行人和机动车，非机动车组成的交通比较复杂，所以我们应该多考虑行人和非机动车人群，尽可能地多照顾他们，并且在这个基础上进行综合交通管理。

(3) 通行能力合理配置。以一条道路上通行能力最小的交叉口为基准，合理配置相邻交叉口的通行能力，既要保证不出现“瓶颈效应”，又要尽可能地提高整条道路的通行效率。

3.1.2 交通管控模式的发展趋势

进入 21 世纪智能交通的发展趋势已经越发明显，在未来它也将成为道路发展的主要方向。道路交通控制系统作为智能交通运输系统的一个子系统，也必将带来一系列新技术的应用和发展，这主要表现在以下几个方面。

3.1.2.1 车辆、道路和交通管理系统一体化

交通管理系统中的路表、交通信号控制机、以及道路两边的探测器会提供很多的数据，那么交通控制中心的计算机就主要负责对这些数据进行处理，并显示出来。具体到每一台车想要去到的目的地以及它们运行的情况，这些信息交通控制中心是无法知晓的，所以交通控制中心会根据每天或者每个星期的交通模式来对交通进行建议或者咨询。在交通堵塞严重到一定程度时，交通控制中心才会得到消息，在交通事故刚发生时或者交通堵塞刚刚开始的一段时间内，交通控制中心是不知道的。因为，车辆上既没有仪器或设备用来感应前方道路发生的情况，更没有可以把交通情况及时反馈给交通控制中心的设备。也就是说道路系统和车辆并没有作为一个整体来被控制和实施运行。

但是ITS的交通管理系统中，便完全可以避免这种情况，基本上所有的车上都安装了车载的导航器和传感器。车载传感器的作用是，如果前方道路有异常会提醒司机，如果天色太过黑暗或者有大雾的情况，也会提醒司机，这些数据还会被及时的传到交通控制中心，以便交通控制中心第一时间内掌握路面情况。在一些先进的设备或者手段的帮助下，如视频监视装置、车辆检测器、车载传感器和先进的通信网络，路网的交通流模式就可以实时的被交通管理系统所掌握。为得到行驶路线的特定指引，司机通过车载导航器输入他们的当前位置和目的地。所以，司机能够根据交通系统提供的建议对交通的线路的交通流模式有所了解，并且能够知道所要到达目的地的路线，这样能够很好地减少交通堵塞情况。在美国，在车辆上装上导航器已经成为交通管理系统获得交通网上各路段上车辆通行时间的最普遍的现象。

3.1.2.2 城市交通信号控制系统的网络化

控制系统之城市的交通信号已经有了30年的运营史了。此系统在20世纪的80年代后便开始逐步走向网络化的进程，改变了城市对于交通的管理以及控制的方式，让信号控制得以实时同步。而交通的数据是通过中央控制计算机来对其予以分析及处理，同时控制着路网的交通信号。不管是既定配时的方案是否存储，还是配时参数和交通量的关系是否对应选择对它来说都没有太大的影响。而中央计算机里面的交通模型才是实时模拟的系统需要依附的对象，即将其系统安装至中央计算机中，同时利用中央计算机来分析其的交通数据（反馈回来的数据），以此来优化其配时参数并做出适当的调整。配时参数的优化是以综合目标函数，如延误时间、停车次数、拥挤程度及油耗等的预测值的最小化为依据。这

种方法也已经被应用到公路的控制中。

3.1.2.3 在城市交通管制中应用人工智能化

道路的拥堵、路况的突发事故以及城市交通的控制还有诱导系统、环境保护技术、VMS、TDM 等各种管理的控制技术的集成都是 ITS 实现优化于城市交通的管理及控制的目标。同时也是解决这些问题的最正确的方式，在先进的交通管理系统（advanced traffic management system，ATMS）中，用于城市交通管制的计算机系统除了 SCOOT、SCATS、TRANSYT 等的改良版外，也出现了一些基于人工智能技术应用的体系结构。例如，德国汉堡的交通管理系统采用了双层结构，核心是利用知识源（knowledge source，KS）。这里，数据完成 KS 将传感器收集的实时数据转换为交通量、道路占有率等交通管理用数据，对于没有传感器的路段的交通状态进行推断，并检测传感器故障和误操作；数据分析 KS 对网络中的阻塞地点和阻塞状态进行判定；交通控制 KS 利用 LISP 语言编写的规则库生成信号控制方案，包括评价当前的信号控制模式、局部改善发生问题的交叉点、推测该改善对于周边交叉点的影响、综合考虑网络全体且能改善有问题的交叉点的控制策略。利用当地实际数据、使用微仿真器、采用与 TRANSYT 相同的评价函数进行评价的结果表明，与固定式信号控制方案相比，阻塞有 3%~15%的改善、早高峰阻塞时平均速度有 10%的提高可能性。

3.1.2.4 信息采集和信息提供技术更加先进和多样化

城市街道和高速公路上的交通量、车道占有率、车速等作为交通管理和控制的基本依据的参数，是通过各类车辆检测器来测定的。以往主要使用的车辆检测器是埋设在路表的环形线圈检测器、磁性检测器和安装在交通要道的电视摄像机等。而现在，车辆检测器日趋系统化和光机电一体化，越来越多地使用更先进的超声波检测器、光检测器、红外检测器和各种视频监测系统。全天候的红外摄像机和性能优越的 CCD 摄像机已被广泛应用于交通管理系统。在高速公路管理中，过去广泛使用匝道仪控制人口匝道车流，而现在越来越多地使用可变信息标志 VMS、CCDV 摄像监视系统和 Internet。在城市高速路危险的弯曲路段、视野不好的地方安装自动事故检测系统，这种系统依靠处理从视频摄像机获取的图像进行事故分析。

3.1.2.5 城市交通信号控制的多种新功能

交通管理的重要功能是信号的控制，ATMS 是通过与交通管理中心的计算机进行信息的交换，从而才会有我们所看到的红绿黄灯。

当接到来自车辆检测器或路旁按钮箱的信号时，还可延长或缩短绿灯信号时间。ITS 中信号控制主要有以下新功能。

(1) 右 (左) 转弯感应控制。通过由车辆检测器感知出交叉路口的右 (左) 转弯专用车道上的车辆，延长其右 (左) 转弯箭头信号的显示时间，可有效地对交叉路口的右 (左) 转弯车辆进行通行控制。

(2) 公共交通感应控制。在交叉路口前面通过专用感知器件检测出公共汽车的存在，延长绿灯信号的显示时间，或缩短红灯信号的显示时间，可减少公共汽车等公交车辆的等待时间。通过此优先性控制信号功能，可确保公共汽车准点运行。

(3) 踌躇感应控制。为避免进入交叉路口的车辆的司机在该区域里犹豫不知该停车还是该开过去的情况，显示黄灯，由此可减少冲撞和迎头碰撞事故的发生。

(4) 老弱病残专用控制。老年人、有视觉缺陷的人等交通方面的弱者可通过操作专用的按钮装置和随身携带的专用的信号发生器发出信号，将行人用的绿灯信号延长，以确保安全地横过马路。

3.2 交通管控模式与城市公共交通的融合

3.2.1 城市公共交通界定与可持续发展的模式

3.2.1.1 城市公共交通的界定

人们通常把城市公共汽车和电车称为“公交车”，广义上的城市公共交通含义则更为广泛。1985 年发布的中华人民共和国国家标准《城市公共交通常用名词术语》（GB 5655—1985）将城市公共交通（urban public transport）释义为“城市中供公众乘用的、经济方便的各种交通方式的总称”。城市公共交通已经成为一座城市交通体系的主体，也是城市发展所必要的条件之一，我们的日常生活中也离不开这个社会公共设施，而且它还是城市的投资环境和社会发展的基本条件之一。与此同时，公共交通也能反映一个城市的精神文明状况，以及国民经济、人们的生活风貌和人们生活水平。

狭义的公共交通是指在常规公共汽车、快速公共汽车、电车轨道交通、出租汽车，轮渡的组成情况下，在固定的路线上，按照一定的时间，通过公开的费率来为公众提供短途的客运服务的系统。并且在各种交通的相互配合下，为乘客提供一种舒适的交通服务，来维持城市的运转。城市公共交通已经在国民经济中占据了重要的地位，而且也是一个城市社会和经济发展的基础。

3.2.1.2 可持续发展的公共交通模式

可持续发展的城市公共交通模式，不仅是一个以通达、有序、安全、快捷、宜人、低能耗、低污染为目标，而且还能达到一个高效，便利、有安全感的输送模式，另外还能从根本上让我们所处的环境发生改善。如果能实现交通的运输效率，资源的循环利用，还有保护生态环境这个三位一体的可持续发展的模式，那么我们与公共交通系统与大自然的关系发展就会更协调。其表现是城市交通环境的不断改善和城市公共交通所需资源的合理开发利用。

A 生态交通理论

生态交通是环保型、零污染的绿色交通模式。绿色交通模式要求城市公共交通采用无污染、低公害的运输工具，不断改进各种交通工具的性能，这要求运输工具从生产到其生命终结，整个运行过程对环境无污染，无排放污染物、无噪音。报废运输工具的材料可以回收及再生，不造成二次污染。

目前，通达和有序，安全和舒适，低能耗和低污染这三个方面的统一是生态交通发展的目标，我们还要做到公共交通的高效性以及效率持久性的协调生态交通更深层上的含义是和谐的交通，包括公共交通与生态的和谐，公共交通与心理环境的和谐，公共交通与未来的和谐；公共交通与社会的和谐（安全、以人为本），公共交通与资源的和谐（以最小的代价或最小的资源维持公共交通的需求）。

B 智能交通理论

交通在未来必将走上智能化的道路，智能交通就是指把先进的计算机技术、数据通信技术、传感器技术、信息技术、电子控制技术、自动控制理论等有机地结合起来，然后利用各种体系来进行实践操作，即服务、公交管理以及控制等体系，打造出与事实相符且高效率的、准确度高的运输综合管理系统，这种管理系统所覆盖的范围特别广，能够全方位地发挥作用。有公共交通运营系统、出行需求管理系统、出行和电子收费、交通管理、商用车辆运营以及应急管理等系统，还有车辆控制和安全的先进系统。可以大大节约公共交通的投资，使现有道路系统的交通效率尽最大可能地发挥出来，从而尽可能地减轻由于交通给环境带来的不良影响。不管是道路交通管理，还是公共交通服务，它们目前是网络化，信息化，但是最后都会变成一体化。不管居民身处何处，无论行走在路上或家里、公司、车上，都可以获得全面的公共交通信息服务，便于为自己规划一条最好的出行攻略。如采用什么交通方式、什么时间出行、走哪一条路线等。这样不仅居民出行的效率得到了大幅度的提升，同时也提高了各种公共交通工具和设施的使用频率。据此可知，智能交通在城市公共交通系统中融入了信息技术与通信技术，这是智能交通最大的特点，也是最大的优势，人们可以通过实时的路线指引、公交服务等信息来随时随地的知晓整个的公共交通的现状。

C “以人为本”交通理论

“以人为本”的城市公共交通发展模式，是为了使城市居民的需求即交通得到充分的满足，城市的公共交通设施要立足于可持续的发展中，以分配的公平性于社会大众中，以及公共交通设施应当是适合城市大多数居民的需要而去创建，从适应与使用的角度上来说，要满足不同阶层的市民需求，在公共的交通方式上，按照市民的收入水平的区别来进行各种可具选择性、各种层次的供给，确保公共交通的服务质量是跟随社会发展的脚步来应对且满足社会大众的需求。

3.2.2 常规公共汽车运营管理

3.2.2.1 常规公共汽车系统组成

常规公共汽车系统，具有固定的行车路线和车站，按班次运行，并由具备商业运营条件的适当类型公共汽车及其他辅助设施配置而成。

A 常规公交车辆

公共的交通车辆也就是我们所说的公交车，按照动力推进的系统差别可分为汽车、柴油、新型混合动力、环保型压缩天然气（compressed natural gas，CNG）等公交车以及无轨电车等。尽管柴油公交车易保养、油料价钱低且有充足的动力，但其不足的是所排的废气较多且噪音大。而以电力作为驱动装置，运行速度快，且平稳的无轨电车的建设又要以架空的输电设备为前提，同时其不仅要较高投资费用及营运的保养资金，还必须在有架空线的区域才可运行。而低排放量、燃料费也不高且发动机耐用的 CNG 客车，如若想要使用效果达到最佳状态就必须使用专用的发动机才能实现。

B 常规公交线路的分类与线网结构形式

（1）公交线路分类，见表 3-1。

表 3-1 公交线路的类别

标准	类别	主 要 功 能
按运营时间特征分类	全日线路	公共交通主要线路类型，承担绝大部分客运任务
	夜宵线路	联系交通枢纽、医院、工厂和住宅区，保证城市昼夜延续的各类活动的正常进行
	高峰线路	主要为职工上下班出行服务，联系大型住宅区、中心商务区、工业区，营业时间在早、晚高峰数小时内

续表 3-1

标准	类别	主 要 功 能
按计价方法分类	一票制线路	通常为市区行驶的路线，路线长度一般控制在 12 千米以内
	分级计价线路	一般使用在郊区线路中
按车型车种分类	汽车线路	汽车可以在任何区域行驶，线路设置灵活、易于调整，可以达到较高的覆盖率，投资造价和运营成本低，设施用地的分布也比较灵活
	电车线路	电车具有良好的启动、加速、过载性能，无排放污染，且操作简单、噪音低、耗能少，适宜在交叉口间距小、红绿灯多的市区繁华地区行驶，但由于电车需要架空线和变电设备，线路开设投资较大，线路走向不容易调整，线路或车辆故障容易引起道路阻塞
按运营特征分类	普通线路	站距较短，运营车速一般为 12~16 千米/小时
	快速线路	布置在公交客流走廊上，在专用车道上行驶，采用容量较大、动力性能较好的车辆，站距较大，运营车速可以达到 20 千米/小时以上

（2）线网结构形式。公交线网形态受局限的地方是在于城市的形态以及路网的状态，并且还有场站的条件、交通的需求以及车辆的条件还有效率等各个因素所决定。常规公交线网通常有 6 种形式：1）单中心放射型线网，这是公交线网的早期形式，适用于较小的城市以及卫星城镇于大的城市中，乘客不需过多的进行换乘，对于市中心的往返较为简单、方便，同时对于调度的管理也很便利；2）多中心放射型线网，这种线网同样具有单中心放射型线网的优点和缺点，但主要适用于中小规模城市，特别是有老城和新城两个中心的城市形态，中心成为公交换乘枢纽，并且在多个中心之间形成公交客运走廊；3）带有环线或切线状线路的放射型线网，单中心线网随着城区扩大，会逐渐衍变为带有环线或切线的放射型网络，直达出行率高、便于换乘，但往往场站用地较难解决；4）棋盘式线网，棋盘式线网通常只需换乘一次车就能到达目的地，线路调整便利；5）混合型线路，其以路网的条件以及城市的布局为布网的依据，使交通组织起来更为便利，多用于大中型且没有轨道交通设施的城市，公交线网多采用中心区为棋盘式线网、外围是放射形线网的形式；6）主干线和驳运线结合的主辅型线网，主干线和驳运线结合的主辅线网是由两类功能和服务水平不同的线路组成，这种形式的线网能最大化地利用客位，利用发车间距来对主干线以及驳运线进行所需服务水平以及运力的调整，一般适用于的城市是交通线路中有大运量的轨道，以驳运线为其公交线路于地面，而快速大站的公交线路于公交车专用道上也可布置于主干线。

（3）常规公交场站。公交场站若依据服务功能和服务对象来划分，可以分成首末站、维修保养场、枢纽站、培训场地、中途停靠站、附属生活设施还有停车场，经常有一处场站兼具功能的情况，而这种场站就叫作综合场站。

C 常规公交的运营服务的重要性

城市公交系统应以运营服务为中心，竭力提供给乘客快捷、安全、舒适、准点的乘车条件，根据乘客流动的现实需要，以确保具有一定行车间隔以及行车时间为前提，周而复始地运行。为了满足客流变化过程中的需求，要巧妙地调整车辆的使用情况，针对时间、季节、流向、区段这些客流变化情况的不同，用时间去积累信息，从而掌握客流的规律，不断优化运营服务。

3.2.2.2 常规公共汽车系统规划

A 常规公交线网规划

（1）常规公交线网规划的影响因素。对于规划城市的公共交通来说，其需要注意的地方以下面六要素为主：

1）城市客运交通需求。其所囊括的有数量、分布以及出行路径的选择，规划公共交通线网时受它的影响较多。

2）道路条件。一般来说，公共交通线网其基础是道路网，不过并不是所有道路都能适应公共交通车辆的行驶，应考虑到道路的容量限制、几何线形、路面条件。

3）场站条件。首末站能约束公共交通线网规划，还可以经过优化线路之后，依据路线设置的车辆来决定首末站还有它的规模。一些公共交通车站还可在线路确定下来后，以实际情况为依据，即车站的长度是否有所局限以及站距是否最优等情况，再做最后的确定。

4）车辆条件。以下车辆条件可以影响线网规划：车辆数、操作性能（如转弯半径、车速、加速能力等）、载客指标（如额定载客量、座位数、站位数等）和车辆物理特征（如车长、宽、高、重等）。

5）效率因素。效率因素指公共交通线网单位投入（如每千米、每班次等）获得服务效益，反应线路效益的指标有每月行驶数、每车千米载客人数、每车千米收入、运营成本效益比等。

6）政策因素。如服务水平管理、车辆管制与优先以及漂江管理等这些皆为交通管理的政策、像对于边远居民的出行需予以照顾即社会公共保障的政策、还有土地发展的政策都与城市公共交通系统密切相关。

（2）常规公交线网规划的一般方法。

1）现状调查。现状调查主要是对城市人口出行方式与出行次数等情况进行的调查，此外还需要城市流动人口出行 OD 调查、城市居民出行 OD 调查等，而且还不能缺少对城市交通规划以及发展规划全面且综合性的了解与掌握。

2）公共交通客运OD分布预测。其OD的工作内容有：①对于出行发生与吸引量的预测，通常根据以家庭为基础单元的出行生成率进行预测，从而对各个交通小区的出行生成量进行预测，在获得现状出行生成之后，依据城市总体规划以及人口发展趋势，获得规划年的小区出行发生与吸引量；②对于交通出行的分布的预测，依据居民出行现状的OD矩阵还有规划年各交通小区的出行产生与吸引量，可以使用一定数学方法，来获得规划年的OD分布，在选择交通分布预测方法时，Fratar Method（福莱特法）的双约束重力模型法是较具代表性的；③居民选择公共交通方式的出行量预测，进行公共交通方式的出行量即交通出行分担预测的交通方式选择模型可以分为两类，第一类是集计方法，它以统计学为基础，统计处理交通分区中的家庭或者个人的调查数据，标定方式选取模型中的参数，第二类是非集计方法，它以概论率为基础，将个体原始资料不经任何处理而直接用于模型的构造。

由交通部门对居民进行调查访问，即目前什么样的出行方式是居民所钟爱的，同时未来，居民们又希望有怎样的出行方式可供其选择，将两份调查报告综合起来，所得出的结论，便可知如何分布公共交通客运的OD。

（3）公共交通线网规划布局方案的优化。依据城市公共交通需求OD矩阵，综合考虑各项影响因素，以“逐条布设，优化成网”的方式实行。第一步，实行各线网片区内部的公共交通线网布局，并把主体片区作为重点；第二步，实行各线网片区之间的衔接线路规划，并把研究各片区与主体片区的联系作为重点；第三步，采取调整优化与综合平衡措施，实行城市整体公共交通线网规划布局方案。

（4）常规公交线网规划的主要技术指标。

1）线网密度。若该指标不同，那么居民接近公交线路的程度也不同。在市中心区规划的公共交通线网密度应达到3~4千米/平方千米；在城市边远地区应达到2~2.5千米/平方千米。

2）公交线路非直线系数。线路非直线系数是指公共交通线路首末站之间实地距离与空间直线距离之比。环行线的非直线系数是指主要集散点之间的实地距离与空间直线距离之比。如要确保公共交通的正常运营，公共交通服务水平就要有所提高，公共交通主要线路的非直线系数不宜过大，一般不应超过1.4。

3）乘客平均换乘系数或换乘率。乘客平均换乘系数或换乘率即统计期内乘客出行的人均换乘次数。在大城市，乘客平均换乘系数应该不会超过1.5；在中小城市，该系数应该不会超过1.3。换乘率即为在统计期内乘客一次出行一定要换乘才可抵达目的地的人数与总出行人数的比值。

4）公交线路网站点覆盖率。它是衡量城市居民接近公交程度的重要因素。

B 常规公交场站规划

在城市的公共交通系统中，公交站是非常重要同时也是非常基础的一项设施，保障着公交事业的顺利发展。在对其进行规划和布局设计时，要充分考虑到居民的出行是否方便，同时也要结合本区域公共交通的特点，还有公共交通的车辆数、车型、服务半径，以及所处地区的用地条件。场站规划设计主要是场站选址和建设用地规模的确定。

(1) 公交场站类型。城市公交场站有两类：1) 担负公共交通线路分区、分类车辆维修的公交场站，一般被应用为停车、车辆保养和综合管理的中心停车场，也可以作为保养场，专门用来给车辆做保养，或者是作为修理厂，专门用来给车辆进行大型的维修；2) 指一些公交枢纽站、公交起始站、公交终点站、以及中间停靠站等这些在公共交通系统中起调度和换乘作用的站点。

(2) 公交停车场。停车场主要是给线路运营车辆在人们下班之后提供合适的停放场地、空间以及必要设施，并且按照规定对车辆进行浅层保养还有重点小修工作。停车场用地面积的确定依据是保证停放饱和时，公交车可自由出入而不受停放车辆的影响。根据以往经验，对于停车场的规模来说，通常适合停放 100 辆铰接式运营车辆或者停放 200 辆标准车辆，其规划用地按每辆标准车用地 150 平方米计算。

(3) 公交保养场。保养场主要是进行运营车辆的高级保养以及相对应的配件加工、燃料和材料的贮存、分发等作业。保养场可以被分为三种类型：小型保养场（年保养 200 辆）；中型保养场（年保养 300~500 辆）；大型保养场保养中心，年保养能力超过 500 辆以上。对于保养场的规划用地，若根据所承担的保养车辆数来计算，一般情况下每辆标准车要用地 200~250 平方米。

(4) 公交枢纽站。3 条以上主要公交线路的首、末站，或与其他重要交通设施的交汇处，以及多条公交线路交汇处可建公交枢纽站，并停备一些车辆。应该由枢纽站的功能来确定公交枢纽站的用地规模，一般情况下，用地规模为 120 平方米/标准车。

(5) 公交首末站。首末站是行车调度人员运营、驾乘人员休息的地方，也是车辆夜间停放或者白天客运高峰过后车辆停放的场所。它的规划包含了规模的确定、出入口道路的设置以及起、终站点位置的选择等。公交首末站的规划用地面积按照每标准车用地 90~100 平方米来计算，通常取 1500~3000 平方米；其位置选择除了满足用地要求外，要尽可能地让乘客处于以该站点为中心、以最多不超过 700~800 米为半径的服务范围内；其规模按该线路所配营运车辆总数来确定，通常情况下配车总数（已折算成标准车总数）超过 50 辆的属于大型站；25~51 辆之间的属于中型站；不超过 25 辆的属于小型站。

(6) 公交中途停靠站。公交停靠站点是最基础的城市公交设施，它是联系乘客和公交运输服务最基本的纽带，也是实现公交系统服务过程中必不可缺的重要环节，若想对乘客进行服务，必须要求公交车辆在此停靠，而乘客也必须要在这上下车才能完成出行目的。

C 常规公交车辆的确定

城市公共交通运输任务主要由公交车辆来承担，各线路车型的选择和配备、各线路配车数的确定、城市公交车辆的规模，直接影响到公交线网运能的发挥、经济效益以及线路的运输效率，公交规划场、站还有企业的规模也正是根据它们来确定的。对于城市公共汽车与电车的规划拥有量来说，在大城市可以按照每800~1000人配置一辆标准车，在中小城市可以按照每1200~1500人配置一辆标准车。《城市道路交通规划设计规范》规定：公共交通标准车以车身长度7~10m的640型单节公共汽车为标准车。

D 常规公交专用道设置

(1) 公交专用道的内涵。公交专用道是指在城市道路路段上通过特定的交通标志、标线或隔离设施等手段，限定路段上的某一条或几条行车道（或整条道路）只允许公共汽车及部分特殊车辆在规定时段内使用，而其他车辆禁止通行，以此提供给公交车辆的道路优先通行权。当一条路段所有车辆均为公交专用时，该路段就成为公交专用路。

(2) 公交专用道的设置。1) 设置方式。公交专用道路段设置方式是指公交专用车道在道路断面上的位置及与其他车道道路使用主体的关系，以及专用车道的隔离方式、设施等。根据不同的道路等级、宽度、横断面布置和专用道运行要求，公交专用道有沿路侧设置、在中间车道设置、公交专用路等多种形式。2) 设置条件。考虑到我国公交客流密度大、道路空间资源有限等国情，公交专用道的最佳设置条件应以公交车客流量、公交车流量、道路饱和度及道路设施等指标作为公交专用道的设置条件。

3.2.2.3 常规公共汽车调度

A 城市公交运营调度的内涵

城市公交运营调度是指城市公交企业根据客流的需要和城市公交的特点，通过制定运营车辆的行车作业计划和发布调度命令，协调运营生产的各环节、各部门的工作，合理安排、组织、指挥、控制和监督运营车辆的运行和有关人员的工作，为乘客提供安全、方便、迅速、准点和舒适的乘车服务，最大限度地节省人们的出行时间，同时为完成企业的营运计划和各项经济技术指标而开展生产。

根据车辆运行作业计划的需求，结合现场实际情况，有效恰当地指挥、调节、控制车辆的运行，并确保客运工作能够按量、按时、按质地完成，是运营调度的主要任务。

B 城市公交运营调度及其职责

(1) 运营调度的分类。

1) 按照调度内容和目标的不同划分，可分为：①静态调度主要是确定线路人力、车辆及发车计划，其目标是在运能供应和满足客流需求的条件下，提高效益，尽量提高运行车公里和车速；②动态调度，根据道路交通情况、车辆运行状况、突发事件及其他实时信息，修改规定的车辆运行时刻表，以保证车辆准点率、行车间隔，维持设定的服务水平。

2) 按照调度体制划分。城市公交调度机构的设置可以根据城市规模的大小、公交企业的设备状况因地制宜建立二级或三级调度制，大城市由于公交线路较多，车辆、人员多，一般实行三级调度体制，中小城市则实行二级调度体制。可分为：①一级调度是公司总调度，由公司分管营运的副经理兼任主任，另设副主任若干名，负责全公司的营运调度管理工作；②二级调度是分公司（车场）调度，由副经理（场长）兼任主任，另设副主任若干名，负责场辖路线的营运调度管理工作；③三级调度是车队（线路）调度，由车队副队长任组长，副组长一般由线站调度长兼任，负责现场调度指挥。

(2) 运营调度的职责。

1) 静态调度。静态调度的主要任务为在给定客流需求条件下，计算投放运营车辆；对驾乘人员、车辆进行调配；编制运行作业计划，根据客流在不同季节、时间段的变化要求，确定发车间隔，并保持车间隔均衡。

2) 动态调度。动态调度主要是进行实时调度，根据线路、车辆及客流等信息对已经确定的调度方案进行实时调整，包括线内调度或跨线调度；对车辆实施运行监控和电子站牌实时信息显示。

通常在终点站进行线路实时调度。应用枢纽站计算机辅助调度系统是为了实现多线路无纸化调度与实时自动调度、节约管理成本、提升调度的科学性以及劳动效率。

3) 一级调度。①负责全市范围内客流调查的组织与调查资料的汇总分析，并进行预测，掌握全市区域性的客流动态及发展趋势，提出新辟、调整营运路线计划，以及改善停靠站服务设施的建议方案；②制定编制运行作业计划的规范与调度制度；③制定全市性大客流的专用方案，及时组织实施，并有权调度各场车辆；④协调场际跨线联运业务，制定两场两点出车等调度方案；⑤审核各车场的行车作业计划和调度措施，并督促执行；⑥随时了解和掌握各场、各条路线运营计划的执行情况，发现问题及时处理，并提出改进措施；⑦建立营运调度方面的信息系统，包括原始记录、台账、统计报表等，做到及时、迅速地反馈传递，检查全公司服务质量，并将营运调度方面的经济指标执行情况向计划部门提供准确的资料。

4）二级调度。①所辖营运区域内的客流调查与调查资料的整理分析，掌握区域内客流动态，特别是“三高”（高峰时间、高单向、高断面）客流量的资料，作为编制和调整行车作业计划的依据；②编制所辖区域内的行车作业和调度措施，经上报总调度室审批后下达车队执行；③制定管辖区域内的大客流调度方案和措施，并组织贯彻执行；④调派所辖线路的执勤人员（驾驶员、售票员、线站调度员）和营运车辆，随时了解和掌握所辖线路的营运情况，发现问题及时处理，做出临时性的改道、线路延缩和迁站的决定；⑤检查所辖区域的服务质量，定期综合上报行车作业计划及各项定额指标的执行情况。

5）三级调度。①所辖营运区域内的客流调查和资料的管理分析与汇总上报，随时了解所辖线路沿线主要单位职工上下班及“三高”动态；②参与编制所辖线路的行车作业计划和调度措施，并切实贯彻执行；③在客流发生变化时，按调度管理责任制规定，有权机动灵活地增加和减少行车班次，报停车辆应及时向车场调度室汇报；④遇行车秩序不正常时，应积极采取措施，及时恢复行车秩序，保证车辆正常运行；⑤具体处理所辖线路临时性的改道、路线延缩和迁站等事项；⑥检查所辖线路的服务量，定期上报本队行车作业计划及各项定额指标的执行情况。

C 城市公交运营调度的形式

车辆的调度形式是依据客流的时间、方向、断面等要素的特征，所采用的运输组织形式。在城市公共交通运输中，采用合理的调度形式，有利于乘客拥挤程度的减轻，车辆与路线负荷的平衡，路线负荷、运输生产率、运输服务质量、运输生产率质量的提升，还有益于发展城市公交。

（1）按照车辆工作时间的长短与类型划分：

1）正班车。是指车辆在正常运营时间内连续工作相当于两个工作班，是每条营运路线必须安排的一种车辆调度形式。实行双班制、连续工作，所以又称双班车、大班车。

2）加班车。是一种辅助调度形式。主要是在客流高峰时上线营运的车辆，并且一日累计工作时间相当于一个工作班，也包括临时性的加车，又称单班车。

3）夜班车。是指为满足夜间乘客的需要而开行的班车。一般只在夜间乘客较多的某些干线上营运，班次较疏，定时运行，是衔接正班车的一种辅助调度方式。

城市公交企业以便于按照时间来组织运营车辆的运行为目的，可以将运营车辆的工作时间划分为4节。

（2）按照车辆运行与停站方式划分

1）全程车。是一种基本调度形式。全程车是车辆从线路起点发车直到终点站止，必须在沿线各固定停车站点依次停靠，按规定时间到达各站点，全程双向行驶，又称慢车。

2）区间车。是一种辅助调度形式。车辆只在某一客流量的高区段行驶。

3）快车。是指为了适应沿线长乘距乘车的需要，采取的一种越站快速运行的调度形式，包括大站车和直达车两种。大站车是指车辆仅在沿线乘客集散量较大的站点停靠并在其间直接运行的调度形式。直达车是快车的一种特殊形式，车辆仅在线路的起讫点停靠和运行的调度形式。

4）跨线车。是客运高峰时间带有联运性质的一种调度形式。跨线车是不受原来行驶线路的限制，根据当时客流集散点的具体情况确定起讫点，以平衡相邻线路之间客流负荷，减少乘客转乘而组织的一种车辆跨线运行的调度形式。

5）定班车。是为接送有关单位职工上下班或学生上下学等情况而组织的一种专线调度形式。车辆按路线定班次、定时间和定站点运行。

D 城市公交车辆调度形式的选择

城市公交车辆的各种调度形式，均有其适用的线路、客流等条件的要求。调度人员必须合理选择，才能有效调度车辆和人员，提高公交服务质量。

（1）全程车、正班车的选定方法。所有的营运线路均需以全程车、正班车作为基本调度形式，并根据线路客流分布与客运需求的特殊性辅以其他调度形式。

（2）高峰加班车的选定方法。一昼夜的某段营运时间内出现客流高峰时，采用加班车调度形式。客流高峰时段，通过计算客流时间不均衡系数确定，时间单位可取小时。时间不均匀系数是在营运时间内，某一小时的客运量与平均每小时客运量之比，表示客流在营运时间内各小时分布的不均匀程度。

（3）区间车的选定方法。当线路出现连续的高客流量路段时，可开区间车；不连续的则可开设大站车。路段客流高峰的判断，可通过路段的两个方面来确定：1）路段不均匀系数法，路段不均匀系数是指单位时间内，营运线路某路段的客流量与该线路平均客流量之比。2）差值法，路段客流量差是指单位时间内某路段客流量与各路段平均客流量之差。

当路段客流量差大于2~4倍的车辆额定载客量时，在该路段可以采取开行区间车的方式予以解决。区间车调度形式的采用，还要考虑线路站距、车辆掉头的道路条件等因素。

(4) 快车的选定方法。客流动态沿运输方向的分布具有较大的不平衡性，长期看是均衡的，一般有去有回；而从短期看，客流存在着方向上的不平衡性，用方向不均匀系数表示。方向不均匀系数是营运线路的两个方向中的高单向客流量与平均单向客流量之比。

由于城市公交受多因素影响，调度形式的选用除根据线路客流情况进行有关计算外，尚需考虑道路与交通条件、企业自身的组织与技术条件及有关运输服务质量要求等因素。在同一条线路上，调度形式不宜过多，一般不超过两种。

3.2.2.4 常规公共汽车行车作业计划编制

A 行车作业计划的内涵

行车作业计划是指城市公交企业在已定线网布局的基础上，根据客流的基本变化规律和运输生产的要求，编制的生产作业性质的计划。行车作业计划是常规公交企业营运计划的具体形式，它具体规定了公共汽车运输企业各基层单位在计划期内应完成的一系列工作指标。

行车作业计划是常规公交企业合理组织车辆运行、组织驾乘人员的劳动、提高服务质量的重要手段，行车作业计划编制的质量直接影响到企业的经济效益和社会效益。

行车作业计划根据客流动态在不同时期的规律性变化，可分为季节、月度、平日（周一至周五）、节日及假日行车作业计划。

B 行车作业计划编制的原则

目前，我国城市公交企业行车作业计划的编制主要有两种形式：一种是采用传统的调度方式，主要依靠管理人员，根据公交线路客流规律，凭借经验确定发车间隔和发车形式；另一种是智能交通调度，根据实时客流信息和交通状态，在无人参与的情况下自动给出发车间隔的调度形式。在编制行车作业计划时，无论采用什么方式，所遵循的原则和一般程序基本是相同的。

调度部门在编制行车作业计划时，要求尽可能做到以下 6 点：

(1) 依据客流动态变化规律，以最大限度的方便和最少的乘行时间与等待时间，安全地将乘客送达目的地。

(2) 车辆在线路上有计划、有节奏地均衡运行。

(3) 合理配置车辆，使线路的主要运行参数符合规范和标准。

(4) 与其他线路的公共汽电车合理配合，与其他客运方式之间相互衔接。

(5) 在不影响营运服务质量的前提下，合理安排行车人员的作息时间。

(6) 根据季节性客流量变化来适时调整计划，并根据每周、每日的不同客流量，制订并执行不同的计划安排。

C 行车作业计划编制的一般程序

编制常规公交行车作业计划的基本程序可分为以下8个步骤：

（1）线路客流调查与预测。在编制、修订行车作业计划前，必须选择合适、有效的调查方法，进行线路的客流调查，以确定客流预测的基本数据。传统的人工调查方法主要有随车调查法、驻站调查法和问询调查法等，可以得到比较全面的数据，但是要耗费大量的人力和财力，不适合经常性的动态客流数据调查。随着现代科技的发展，自动数据采集方法逐渐得到发展和应用，如IC卡数据采集、红外线自动乘客计数系统。踏板式自动乘客计数系统及激光感应器采集系统等，可以进行全线路全日的综合调查，也可以根据实际需要进行部分路段、站点和峰别的重点调查。

（2）分类、分析调查资料。对取得的资料，进行认真细致的分析研究，找出营业时间内客流分布变化的规律，作为确定调度方式、计算运行参数的依据。

（3）确定调度形式。依据客流的时间、路段、方向及站点等分布情况，在采用全程车、正班车调度形式的同时，选择其他辅助的调度形式。

（4）计算线路的主要运行参数。运行参数的计算包括初值计算、数值调整及确定参数终值等环节。

（5）编制行车作业计划。依据编制原则，安排和确定行车班次与发车时刻，排列行车人员休息时间等。行车时刻表是计划调度的基本形式，行车时刻表的编制质量和执行中的准确程度，直接反映调度工作的能力，反映企业管理水平的高低和社会效益、经济效益的优劣。

（6）计算各项运行指标。行车作业计划编制完成以后，通过计算车辆的日行驶里程、运营速度、车辆的满载率及平均车班工时等各项运行指标，反映和评价该计划的可行性。

（7）审核。行车作业计划编制完成以后，必须进行审核，在线路上试运行，发现问题及时修正，直到适应线路的实际情况，实施前要报公司总调度室审核、备案。经公司总调度室核准后，方可组织实施。

（8）组织执行。行车作业计划经批准后，要制定详细的办法组织营运，不得擅自变更或者停止营运。行车作业计划具有一定的稳定性，一般每季调整一次，有的城市只在冬、夏两季调整一次。调度人员、行车人员及企业其他工作人员必须严格按照行车作业计划规定的线路、班次和时间按时出车、正点运行，保证运输服务的质量。

D 车辆运行定额及运行参数的确定

车辆运行定额与运行参数是行车作业计划编制的重要依据，是国家（行业）

和企业为达到社会服务效果和企业的经济效益而制定的规范、标准，是线路行车组织的规范性数据，主要包括以下内容：

（1）单程运行时间。单程运行时间是车辆沿线路完成一个单程的运输工作，由始发站发车开始到终点站结束为止所耗用的时间，包括单程的行驶时间和各中间站停站时间。

（2）始末站停靠时间。始末站停靠时间即车辆在起始站和终点站的停靠时间，包括调动车辆、车辆清洁及日常维护、行车人员休息与交接班、乘客上下车及停站调整行车间隔等必需的停歇时间。在客流高峰时，适当减少始末站停站时间，以加速车辆周转，原则上始末站停站时间不应大于行车间隔的 2 倍。车辆在始末站停站时间各地有所不同，一般为车辆单程运送时间的 15%左右。

（3）车辆周转时间和周转系数。车辆周转时间是车辆经线路上往返一周所需时间，等于单程耗用时间与平均始末站停站时间之和的 2 倍。周转系数是单位时间内（如 1 小时）车辆完成的周转次数，它与周转时间成倒数关系，时间单位为分钟。车辆沿线路往返运行所需时间要受客流量大小、道路交通状况、驾驶员的驾驶水平等多种因素的影响，因此车辆周转时间的确定，通常是按不同的客运峰期分别规定一个区间值，允许车辆的周转时间在一定范围内变化，不同客运峰期内的周转时间尽可能与该峰期延续时间相匹配，或不同峰别的相邻时间段周转时间与相应时间段总延续时间相协调。

（4）计划车容量。计划车容量是指行车作业计划限定的车辆载客量，又称计划载客量。这是根据计划期内线路的客流情况、行车经济型要求、运输服务质量要求规定的计划完成的载客量。

车辆的额定载客量取决于车辆自身的结构与性能，包括由座位数确定的乘客人数和有效站立面积确定的乘客人数两部分。国标《客车装载质量计算方法》（GB/T 12428—2005）规定，每平方米有效站立面积的乘客站位数最高限定为 8 人。一般规定高峰期满载率定额取 0.8~1.1，非高峰期取 0.5~0.6。

（5）线路车辆数。线路车辆数是线路所需配备的最高的车辆数量，包括线路车辆总数、分时间段车辆数。在编制行车作业计划时，该指标表示行驶的车次数，在计算时要取整。各时间段所需车辆数则根据该时间内最高路段客流量、该时段车辆的周转时间及其满载率定额确定。周转时段所需车辆数为各分时段所需车辆数之和。

（6）行车间隔。行车间隔是指正点行车时前后两辆车到达同一停车站的时间间隔，又称行车间距。在全部营业时间内，由于不同时间段投入的车辆数及周转时间不同，因此行车间隔应分别予以确定。

（7）行车频率。行车频率是单位时间内，通过线路某一断面或停车站的车辆数。

（8）车班数。车班数包括车班总数及按不同车班工作制度运行的车班数。

E 常规公交行车作业计划编制内容的确定

（1）行车时刻表的类型。

1）线路行车时刻表。是按行车班次制定的车辆在线路上的运行时刻，分线路编制。表内主要列有该线路所有班次的出场时间、从始末站开出时间等。

2）车站行车时刻表。指线路始末站及重点中间站点的行车时刻表，分站点编制。表中规定了在该线路行驶的各班次公共汽车每周转一次的到达、开出该站的时间，行车间隔及换班或休息时间等。

3）车辆行车时刻表。按行车班次制定的车辆沿线路运行时刻表，分路牌编制。表内列有该班次车辆出场（库）时间，每周转时间内到达、开出沿线各站时间，在一个车班内（或一日营业时间内）需完成的周转次数及回场时间等。

（2）行车作业计划编排的主要内容。行车作业计划编排的主要内容就是根据运行参数，排列各时段车次的行车时刻。应注意的是，在具体编制过程中，若发现有些参数的初算值不符合要求应予以修正，直到符合要求为止。

1）安排和确定行车班次（路牌）。行车路牌是车辆在线路运行的次序或秩序，车辆的路牌号也称车辆运行的次序号。起排的方法有两种：①从头班车的时间排起，自上而下，从左向右顺序地填写每一次的发车时刻直到末班车；②从早高峰配足车辆的一栏排起，然后向前推算到头班车，这种方法能较好地安排每辆车的出车顺序，也能较经济地安排运行时间，待全表排好后，再定车辆的次序号，并填进车辆进、出场时间，这样比先定序号后排时间的方法要简便一些。

2）行车间隔的排列。行车间隔必须按车辆周转时间除以行驶车辆数的计算方法确定，不得随意变动，避免车辆周转不及时或行车间隔不均匀，可以通过适当压缩或增加车辆在始末站时间来调节。

3）增减车辆的排列。线路上运行的车辆是按时间分组，随着客流量的变化有增有减。车辆不论加入或抽出，均要考虑前后行车间距的均衡，要注意做到既不损失时间，又不产生车辆周转时间不均的矛盾，并做到车辆均匀的加入和抽出，这样就能做到配车数量、行车间距虽有变化，但行车仍保持其均匀性。

4）全程车与区间车的排列。在编制行车作业计划时，由于全程车与区间车的周转时间不等，混合行驶时，不仅要注意区间断面上的行车间隔均衡，而且要求区间车与全程车合理相间，充分发挥区间车的效能，以方便乘客。如果区间断面上的发车班次与全程车无法对等，不能相间行驶时，也要注意配合协调，间隔均匀。

5）行车人员用餐时间的排列。安排行车人员用餐时间，一般有3种方法：增加劳动力代班用餐；增车增人填档，替代行驶的车辆参加运行；不增车不增人，用拉大行车间距的方法，让出用餐所需要的时间。

3.2.2.5 常规公共汽车站务作业

A 常规公共汽车站务工作内容

常规公共汽车客运站务作业主要是在首末站点组织车辆运行，负责公交场站的服务和站场设施的维护与管理、预防处理突发事件等工作。在车辆每日运行的不同阶段，站务工作的内容重点也不同。

（1）出场阶段。车辆准点出场是一天营运秩序好坏的首要环节，必须加强对行车人员上班到岗时间的考核，督促行车人员做好出场前的准备工作，包括车辆、票证及车上用品等；掌握行车人员的动态，发现脱班人员及时派预备人员顶岗或者将后车调整行车次序，保证准点出场运行。

（2）早晚高峰阶段。市民上下班和学生上下学的时间相对集中，线路在周一至周五的早晚各会出现2小时左右的客流高峰时段。线路早晚高峰4小时的乘客人次要占到全日乘客人次的40%。这是经营者提高服务质量和获取经济效益的关键时刻。必须掌握高峰时客流动态、道路交通及行车人员工作等情况，在现场指挥调度车辆，及时修正行车作业计划，确保良好的行车秩序。

（3）交接班阶段。交接班是一天的中间管理环节。管理人员要注意接班人员准时到岗的情况，如人员脱班时要及时派预备人员顶岗。如一时无预备人员，下班人员应继续行驶，一般以一个往返为限。交接班最佳地点的位置在线路1/3左右处，这是最充分利用线路劳动力的地方。

（4）进场阶段。行车人员对营运车辆，要做好维护工作，发现故障、损伤等及时向修理部门报修。修理部门要加强对进场车的检修，确保第二天车辆准时投入营运。配备公交运营智能化系统的车辆，在车辆进场时，读取IC卡的信息，将车辆一天的营运基本信息读入数据库，如路牌、车型简称、车号等。人工收费的车辆，行车人员需核对票款和有关物品的齐全情况，解交票款；结算好车辆的日运行里程和时间，整理好有关记录。

B 现场调度的基本方法

行车作业计划编制以后，由于道路通行、运营秩序等因素的影响，要调整行车时刻表，使行车频率、行车调度方法符合客流规律，使各时段、各断面运力和运量平衡。现场调度就是调度人员依据行车组织实施方案的要求，在营运路线的行车现场，结合客流变化和车辆运行情况直接对行车人员下达行车调度指令的工作。其基本任务是确保行车间距，及时恢复行车秩序，灵活调度车辆行驶路线，及时增减车辆与调整运能。

现场调度方法就是按照行车作业计划控制车辆运行，合理分布车辆行车间距，尽快恢复营运秩序，保证车辆均衡载客营运的方法。

现场调度可分为常规调度和异常调度两大类。

（1）常规调度。当全线行车情况基本符合行车作业计划方案，车辆处于正常运行时的调度工作称为常规调度。基本内容分为以下 4 点：

1）督促行车人员提前上车，按时发布开车指令。

2）注意车辆到站状况，调节车辆停车时间，准点发车。

3）安排好行车人员用餐与交接班事宜，关心车辆整洁情况。

4）调度日志等原始报表记录及时、正确。

（2）异常调度。当线路因各种原因造成行车秩序紊乱，车辆运行偏离行车作业计划时的调度工作称为异常调度。车辆运行不正常的情况，有时比较单一，有时比较复杂，为尽快恢复行车秩序，提高运输服务质量，常用的基本调度方法分为以下几种：

1）调频法（调整行车频率）。是指调整行车间距的调度方法。当线路上客流某段时间内客流增减不是太多，在不增减车辆的情况下，使用压缩或放宽行车间距或两者同时采取的调度方法。客流量减少，增大行车间距，减少行车班次；客流量增大，缩短行车间隔，增加行车班次。

当车辆误点到站且误点时间不超过规定的停站调节时间时，则减少计划的停站时间，提前发车，按原计划准点发车；若误点时间超过停站时间不多，除了提前发车外，还可延后前几个车次的发车时刻，以便使行车间隔均匀。

2）调站法（调整车辆沿途停站数）。是指调整车辆沿途停靠站数，增加或减少停靠站点的方法，以加快车辆周转，减少乘客等待时间，解决沿途乘客待运问题的调度方法，即全程车少停站，大站车多停站，直达车重点停站。

3）调程法（调整车辆行驶里程）。是指车辆改变原行驶线路的行程，利用缩短或增加行驶里程的方法，即全程车缩短行程，在中途某个站点返回，或区间车增大行驶里程，以弥补高段面运能的不足。

车辆到达始末站误点时间较长，超过全程周转时间的 1/3 左右时，可采用调程法补偿已经损失的周转时间。有时为了增加某些站点的运能，也可采用调程法。

4）调能法（调整线路运输能力）。主要有增加车辆和减少车辆两种方式。增加车辆法主要用于线路的客流突然增高；线路因故需延长周转时间，但又要保持原有车距的情况。减少车辆法主要用于线路客流突然下降；线路发生车辆故障、肇事、纠纷；因客流需要支援其他线路时等情况。

为使加入（抽出）车辆后的车距均匀分布，首先应确定加（减）车的数量、时间和所需影响的范围，然后对原有的车距进行计算调整。

5）缩时法。即缩短周转时间的调度方法。采用缩时法的情况：在营运现场，道路交通条件有明显的改善，道路通行能力提高，车速加快；实际客流比计划下降较多，造成车辆中途上下客时间减少，车辆普遍提前到站；交通中断，临时缩短路线行驶等。

6）延时法。即延长车辆周转时间的调度方法。采用延时法的情况：在营运现场，车辆运行过程中遇严重的交通堵塞和行车事故；客流增加，乘客上下车时间增多，在营运主高峰时，出现乘客滞站现象；遇冰、雪、雾及暴雨等恶劣气候，车辆通行缓慢。延长车辆周转时间的限度，以该线驾驶水平较低的驾驶员为准。

7）调线法（变更行驶路线）。车辆运行中由于某些原因，如交通事故、火警、道路施工等造成车辆不能全线通行，为了最大限度方便乘客，保证线路的继续营运，采用绕道行驶、分段行驶及缩线行驶等方法进行临时处理。当线路运力有余，为支援其他线路，也可采用跨线行驶方法。绕道行驶即临时改变行驶线路，绕过阻塞路段继续行驶。

分段行驶以阻塞地点或路段为界，分成两条行车路线，并重新安排两段线路的临时行车计划，多余车辆抽调在适当地点停放待命。

缩短行程即当受阻路段在线路中的某一端，无其他道路可以绕行时，则可缩短行程，其行车计划需要重新安排。

跨线法用于相邻线路客流高峰时段出现的时间有较大差异，或本线全程与区间、大站之间的运能需要互补时。跨线法能对运能、工时起到充分利用的作用，既解决客流需求，又降低营运成本。

8）调挡法。即将车辆的车序号临时重新组织调整的一种调度方法。调挡法主要用于线路车辆故障抛锚、肇事、纠纷、换班及行车人员用餐时。

车辆在出场或首末站发生故障，如能很快修复行驶的，可与后车调换次序营运。高峰时，因营运需要将车辆的车序号临时调整的，一般先控制车距，在高峰之后再恢复行车次序。利用车辆调挡完成行车人员用餐的方法，是有效利用时间、提高工作效率的较好措施。

现场调度需要灵敏的信息反馈，随时准确地掌握现场变化情况，处理问题要机敏果断，采取的调度措施要及时适当，只有根据不同线路的客流特点和现场情况机动灵活地运用调度方法，才能不断提高业务水平。

C 智能公交调度

在城市公交调度中，为实现对车辆的实时监控和调度，保证公交线路正常营运，很多城市已经开始运用公共交通智能调度系统，动态地获取实时的交通信息（车辆线路信息、GIS 信息、GPS 信息、时间信息、客流信息、安全行车规定信息及路况信息），根据线路客流情况进行实时调度，降低了运营成本，提高了乘客公众的满意度。

智能化调度方法是相对于传统调度方法而言的，二者的区别在于智能化调度方法是根据实时客流信息和交通状态，在无人参与的情况下自动给出发车间隔和调度形式的一种全新的调度方法，二者在调度形式上没有太大的区别。

智能公交调度系统是将先进的GPS技术、数据通信传输技术、电子信息技术等有效地集成运用于地面运输车辆管理体系中，建立一个在大范围内全方位发挥作用的，实时、准确、高效的车辆运行和管理系统，是公共交通实现科学化、现代化和智能化管理的重要标志。

3.2.2.6 常规公共汽车票务管理

A 常规公共汽车票证

客运票证是乘客乘车的凭证，按照公共交通票证的使用范围和期限划分，各地普遍使用的公交票证种类有普通票和储值票。

（1）普通票。普通票是乘客乘车时付现金购买的车票。通常为单程票，一次性使用，每票一人，凭票乘车，一次完成行程。

普通票的发售工作由随车售票员在车上完成，以纸制车票作为介质，通过售票员当面向乘客点交客票张数和找零现金，严格执行票制规定；通过人工方式对车票进行查验和各项数据的统计工作。目前我国城市公共交通绝大多数都采用无人售票的形式，由乘客自行投币，不找零，以降低公交的运营成本。

（2）储值票。储值票是乘客预购的乘车凭证，可以多次使用。按介质的不同，有纸制的普通月票及磁性介质的车票。目前，我国城市公共交通领域普遍采用了IC卡管理系统，以公交IC卡代替普通月票，持卡乘车者享有优惠。

IC卡是集成电路卡（integrated circuit card，IC）的简称，IC卡在有些地区和国家还被称为灵巧卡、智能卡、微电路卡或者是微芯片卡。城市公共交通一卡通所使用的卡片是非接触式IC卡，用户持卡接近车载读卡机指示的感应区时即可完成付费，采用绿色环保材料制成，内置天线，非接触式读写，反应时间约为0.4秒，因此使用简单、快捷、可靠性高。同时还具有很多优势：可反复充值使用；可以节省大量的运营成本，包括零钞管理所需要投入的清点、押运、配送、备款的人力和物力；最大可能是减少因假币收取所带来的损失；还能令售票、检票过程变得方便快捷，在很大程度上提高运营方的质量和效率；方便收集、统计公共交通数据信息，为实时调度提供依据。

B 常规公共汽车票款收解

（1）票款的收取。公交票款收入是企业的主要资金来源，企业需加强营运收入的管理，保证票款准确收取。收取的方式主要是工人收取和银行划转两种方式。工人收取包括人工售票方式和投币方式，银行划转即刷卡。

1）人工售票方式。人工售检票车辆，由随车乘务人员向乘客发售客票并收取票款。目前一般实行多级票价的线路上实行“有人售票”，以方便乘客乘车。这种售票方式易发生票款的漏收、错收及收钱不给票等行为。为了加强票款管理，许多企业改革领票制度，实行售票员买用车票一次性结算、统计，售票员每天上班前领票，改为售票员自己出钱向票务部门购买出售需用的车票，车票售完，售票员再以售出的票款向票务部门买票，此循环作业。这一改革使票务管理环节和车票流程化繁为简。

2）投币方式。乘客上车前准备好零钱，上车后按规定票价主动将票款投入投币箱，多投不退，投币方式购票可以节省投资，但由公交公司承担假币、伪币所造成经济损失的风险较大，投币方式适用单一票价的线路。在车辆运行途中，由驾乘人员负责对投币箱管理，下班后按规定及时由专门人员将票款取出上交。

3）刷卡方式。采用非接触式 IC 卡储值票，完成一次收费过程仅需一秒钟时间，这种收费模式即可以防止乘客使用假币给运营单位造成损失，也可以因工作人员不直接接触票款，而杜绝发生贪污、挪用等职务犯罪。售票、收费、检票、统计等一系列过程全部实现自动化，使管理效率大大提高。

（2）票款的解交。售票员下班后，应及时结算发售车票数和收入票款，缺款自己补足，多款上交，遗失客票按票面金额赔偿，并在当天向票务部门交清票款。

票务管理部门应严格执行票证领发制度和票款交收的各项规定，要建立分类分户账，对售票员每天交回的票款，要当面点清签收；对未按时交款的售票员，应及时追交，做到钱账两清。汇总票款如有缺款，可先用备用金如数垫足，封扎入库，不得外放。汇总缺款经查明原因，仍无下落，应如数赔偿。全部票款应于次日解交银行，不得移作他用。

刷卡方式下，营运收入的管理，由银行划转。所有产生的交易数据，都会由收费管理中心或收费站按时向收费结算中心传报进行汇总。按照协定规则，各参与结算的单位在结算银行开设账户，由清算中心完成费用的结算和划转。

C 常规公共汽车票制与票价

（1）票制的内涵。票制是票价制式的简称，它是一种特定的调节手段，也是比价关系和票价水平关系的表现形式，体现着票价的整体结构。制定票价时，应当令其与市民的消费水平、城市的空间形态、城市的规模、市民出行方式及城乡客运一体化发展水平相适应。

（2）票制的分类。目前国内外公共交通实行的票制基本上是单一票价制和计程票价制两种形式。

1）单一票价制。无论乘车距离远近，都支付相同的票价。至今很多城市的公共交通行业中仍然沿用着单一票制，这是因为单一票制有着其传统的优势，包括需要投入的设备以及人工比较少，而且操作相对简单等，如公共汽车的无人售票模式。它的缺点是如果设置的票价过低，那么长途乘客所付出的成本就低于企业实际支出的成本，核算下来这种模式节省的人工及设备成本甚至要比收益损失还要低；如果设置的票价过高，那么短途乘客则难以接受，此种交通方式就会对这部分乘客失去吸引力。

2）计程票价制。包括按实际乘距收费和按计费区（乘坐车站数）收费两种形式，是以规定里程或计费区（乘坐车站数）作为基本计价单位，累计加价的计程票制。计程票价制有效地弥补了单一票价制的不足，基本上能够反映价值与价格的关系，兼顾长短途乘客的需求；同时，设置的收费等级相对较少，计费易于取整。具体做法：实行单一票制的，多数以车型分类，如普通车单一票价 1 元，豪华车或空调车 2 元；也有的城市以线路长度划分区段，如太原市 18 千米以下的线路 1 元，18 千米以上的线路 2 元。

（3）票价。票价是乘客获取公共交通服务的支付凭证。科学合理的公共交通票价是保障企业正常运营、调节不同交通方式客流需求、促进公共交通行业可持续发展的重要条件。

1）公交票价制定的原则及影响因素。公交票价制定的原则是成本、税费及合理利润，并随市场适时调整。即以成本为运价的基础，使成本得到有效的补偿；适时放宽运价管制，鼓励竞争；对亏损的公益性交通服务给予合理补偿；按社会物价的一定比例调整票价。票价的制定要体现公共交通的公用服务性，兼顾政府、企业和乘客三方面的利益。公交票价直接关系到公交的吸引力和公交事业的发展，必须合理定价。政府能否承受公共交通的补贴负担、企业能否维持正常的运营并有所获益、乘客能否接受相应的票价和服务，这三个方面直接影响着公交票价的标准。①政府财政负担。实行公交优先政策。公共交通是城市应该优先扶持的绿色出行方式，因此，在资金投入上以及交通法规、政策的制定上，都应该适当地向公交倾斜。政府应将公共交通的社会效益放在首位，在一定程度上对公共交通实施补贴，让乘客能够以低于运营成本的票价，乘坐公共交通工具出行。同时政府还应该督促企业提高公共交通的服务水平，保证公共交通沿着健康、有序、高效的方向发展。②企业效益。政策性成本和运营成本构成了公共交通的综合成本。根据目前我国居民收入水平，是可以用运营成本来作为定价成本的，是与我国经济发展的现状相适应的。公共交通运营单位应该尽可能降低运营成本，开源节流，让更多的乘客享受到公共交通这一城市福利。同时也应当在成本水平范围内，尽最大努力为乘客提供更优质的服务，更多样的产品。③乘客接受度。乘客在选择是否公交出行及何种公交方式出行一般考虑收入水平、服务质量及比价是否合理。在制定公共交通票价时，要充分考虑到居民的收入水准，消费能力以及城市整体交通状况，以最大限度地满足居民出行的需要。

城市公共交通服务的质量和水准也应该通过票价有所体现。比如公共交通运输车辆的舒适度、不同的车型配置、拥挤程度、换乘是否便利、是否直达等，都应该相应地通过票价有所区别，从而体现运输服务的质量。

城市公共交通内部合理的比价主要是指质量比价和乘距比价。质量比价应该体现出服务质量以及交通工具之间的比较关系，具体来讲就如高档车辆与普通车辆之间的价格比较，非空调车与空调车之间的价格比较等；而乘距比价则应该体现出行程（即交通运营单位所提供的服务数量）之间的比较关系。确定了合理的比价，乘客就可以在自身消费能力和需求的范围内，自主选择不同的交通工具出行。

城市公交票价的制定与调整必须从城市交通政策和城市环境的宏观利益考虑，从绝大多数中低收入者的利益出发，保持适度的票价水平。同时，逐步以法律、法规的形式建立公共交通价格的调整机制，逐步形成依据成本、市场物价变化级进式调整票价。从城市发展的宏观角度进行考虑，不仅要符合城市交通的既定政策和城市环境的宏观利益，而且还要兼顾城市中弱势群体和低收入人群出行的需要，将票价维持在一个适当的水平。与此同时，还应当以城市规范、长远发展为目标，结合运营成本、市场价格等因素，有针对性地制定与城市交通发展相关的法律、法规，以规范化的手段建立起公共交通运营价格的调整机制。

2）票价类型。票价通常有以下三种分类方式：一是单一价格，这种定价方式适用于特定、固定的线路或乘次；二是起步价（基价）与进程数相加的价格；三是起步价（基价）与换乘次数相加的价格。票价优惠可以通过两种方式进行体现，其一是乘坐距离越远，票价越低，称为“递远递减”方式；其二是在规定的时间内换乘时享受价格上的一定优惠。

3.2.3 快速公共汽车运营管理

3.2.3.1 快速公共汽车系统组成

A 快速公共汽车交通的内涵

快速公共汽车交通（BRT）是一种公共交通运营中的新模式，这种模式处于传统公交和城市快速轨道交通的中间地带。是以大容量、高性能公共汽电车沿专用车道按班次运行，由智能调度系统和优先通行信号系统控制的中运量快速客运方式，简称“快速公交”。

自从世界上第一条快速公交线路于 1974 年诞生于巴西库里蒂巴市之后，世界各国的城市公共交通家族中涌入了大量各类型的快速公交。目前，快速公交正在我国各大城市以较高的速度得以发展，国内一些一线、二线甚至三线城市，如杭州、北京、广州、济南、常州、盐城、厦门等地，已经建成 BRT 并投入运营，更多的城市正在规划设计和积极推进 BRT 的建设。

BRT 虽然是以一种新的姿态投入到了城市公共交通体系中来，但其基础和实质仍然是传统的地面公共汽车，是对这种地面公共汽车在基础设施、运营方式、车辆模型和技术等方面做了提升和大量改进的一种城市交通工具。相对于传统的地面公共交通，BRT 具有其独有的特征：它有专用的车道和专属的路权；建设有单独的车站，这些车站可以实现在车外售票、检票，乘客可以水平上下车，一般这种车站的设施也相对齐全；此类专用车辆一般车身容量都比较大，使用燃料及排放上能够实现节能、环保的理念；这类车辆能够实现高效的智能调度；能够保证较高的正点率，运送速度快，运力大，效率高；还能为乘客提供快捷的信息服务。

B 快速公共汽车交通系统的组成

BRT 系统主要由专用道或专用路、车站、车辆、调度与控制系统、运营组织及运营设备、停车场等组成。

（1）BRT 专用道。推行了 BRT 公交的城市，都为其设置了专用车道或者公交专用线，使其能够最大限度地脱离其他车辆所在的可能拥堵的空间，优先享有专用路权，从而能够更好地体现出 BRT 省时、快捷、高效的优势。BRT 专用道是 BRT 系统构成的最基本要素，也是整个 BRT 系统的核心部分。BRT 专用道按照道路运行形式的不同分为 3 类，即公交专用路（bus way）、公交专用道（bus lane）和与合乘车共用道路。公交专用路是指在特定的城市道路上，公交车享有全部的、排他的绝对使用权；公交专用道是指在特定路段上，通过标志、标线等画出一条或几条车道给公交车专用，同时，公交车享有在其他车道行驶的权利；与合乘车共用道路是指在特定道路上画出公交车与合乘车共同使用的道路。

（2）BRT 专用站。BRT 专用站是 BRT 系统为乘客提供服务的窗口，它具有售检票、候车、上下乘客及行车信息发布等功能，能够为乘客提供安全、舒适的候车环境及快速上下车的服务。

1）BRT 站点分类。①按功能划分，BRT 的站点包括三种类型，即首末站、换乘站和中途停靠站。其中首末站的规模是最大的，这个场所需要有足够大的空间来停放车辆，完成对车辆的调试，必要时还要对车辆进行维修。同时需要接待乘客候车和换车，因此，这里还需要配备有必要的生活服务设施；换乘站相对于中途站，规模相对较大，在建设过程中，除了要考虑乘客上下车的功能以外，还要兼顾为乘客换乘其他线路和交通工具提供方便；而中途站就相对简单，规模也较小，只要具备乘客上下车的服务功能即可。②按售验票方式划分，BRT 可以分为封闭式车站和开放式车站两种类型。其中开放式车站一般不具备售票、验票功能，不设相应系统，乘客上车后再行购票。这种车站的功能比较简单，建造成本低，维护方面也简单易行。这种车站要求配备电子地图、公交电子查询设备、实时车辆到达信息系统、自动售票机等。封闭式的车站则一般设置有单独的隔离设施，派有工作人员值守，设置有售票和检票系统，实行在车下售票，在车下检票，这种车站的建设成本较高。③按车站位置划分，BRT 的车站可以被分为路侧型车站和路中型车站。路侧型车站的设计一般比较简单，乘客候车与常规的公交车站相类似，只是因需要与专用车辆相配合，在设计细节上有所不同；路中型车站一般位于路中专用车道，还可以被细化为侧式车站和岛式车站。这种车站在规划和设计时要充分考虑到行人和其他车辆的通行问题，因此在建造时比较复杂，成本也相应较高。④按专用道、隔离带的位置以及道路断面设计来划分，BRT 站点可以分为岛式、侧式、港湾式。如果专用道位于道路两侧时，应该采用港湾式的设计。如果道路中央设有专用车道时，则应采用岛式或侧式站台，这种站台与轨道交通的车站相类似。

2）合理站距选择。BRT 站点在选址时要充分考虑道路系统、车辆运营管理、乘客出行需要、交叉路口安全距离等各方面的因素。通常情况下，如果将车站间的距离设置的较长，虽然能够提高车辆的运行速度和效率，但乘客乘车时需要步行的距离就会增加，给出行造成不便。如果将车站间的距离设置的较短，虽然乘客乘车距离有所缩短，但车辆运行速度就会受到影响。过长和过短都会增加乘客出行的时间成本。在这两种选择的中间选择一个最优的距离就是快速公交设置站点的合理位置。影响 BRT 站间距离的因素主要有：①沿线客流分布情况以及客流需求的强度。客流需求强度影响着 BRT 站点的布局，在客流大量汇集的地区应当设置站点。另外，因为乘客到达车站的用时受客流沿线的分布情况影响，而这二者又共同影响着 BRT 的站间距离设置。②线路运行时间。线路运行时间与运行速度有关，因为车辆运行速度越快，运行所需的时间就越少，只有增加了各站点间的距离，才能提高车辆运行的速度，从而能减少车辆运行的时间。③乘客到、离站时间。从乘客的角度来说，车站设置的间距越短，他们乘车的目的地就越近，出行就更加方便，因此他们是希望减小车站之间的距离的。因为如果车站间的距离设置得过大，自身到站，离站的距离就会增加，相应的时间成本就会增加。由此看来，BRT 最优站距的设置中，乘客到离站时间是比较大的一个影响因素。④投资费用。为了确保项目建设所需资金能够控制在预算之内，一些如车辆、站点、专用道等车站建设的子项目也是要制定成本限额的。公交运营成本和 BRT 站点建设成本是与站距相关的成本，其中公交运营成本主要包括车辆的购置费用。而 BRT 站点的成本一般包括车站的建筑成本，还有车站配套设施的购置成本，如售票、检票系统，电子信息显示设施等。

通常来讲，BRT 专用车道离市中心越近，站点间的距离就越小，离市中心越远，站点间的距离就越大；专用道设计的独立性越高，车站间的距离就越长；车辆运行沿线客流越大，开发程度越高，车站间的距离就越小。城市中 BRT 专用道的站间距离一般与轻轨的站间距是相似的，也就是说在城市中心区，站间距通常为 800~1000 米，在城市中心区的外围，站间距通常为 900~1200 米，在城市郊区站间距通常为 1000~1500 米。

3）站点的规模。BRT 站点设置受城市土地开发情况的影响比较大，如果设计车站时，周边的土地使用较为紧张，用地面积无法满足车站建设的需要时，就要对站点的装置进行调整，甚至会推翻整个设计方案重新规划。这里包括：①要考虑站台的长度，城市道路中 BRT 的线路数量是有限的，在一条道路上不会设计多个线路，所以每一个中间站点都要预设 3 个泊位，公交车按长度 18 米来计算，一个泊位长度可按 20.5 米计算，一个普通的车站通常可以供三辆公交车停靠，而枢纽站刚要预留 4~5 辆车停靠的设计。②要考虑站台的宽度，设计中要预留乘客上下车通道、售检票设施安置以及其他设施的增加的位置，还要考虑到站台边缘的安全距离。所以站台宽度不能小于 2.5 米。③要考虑站台的高度，BRT 站台的要求是能够让乘客水平上下车，所以在设计时也要充分考虑到站台的适宜高度。

（3）BRT 专用车辆。BRT 系统多采用标准的或铰链式改良设计的车辆，这种设计采用的是铰接式，使车辆能够从两侧开门，车门较多，底板较低，乘坐舒适并且能够实现智能化控制。BRT 专用车辆将占到 BRT 系统费用的 50%以上。

1）容量更大。BRT 专用车辆通常是铰接式大客车，与传统地面公交车相比，容量和载客量大大增加，一辆这种专用车辆，可运送 180~270 名乘客。

2）舒适性更高。采用大开窗，通风采光良好；内置空调，环境舒适；车体悬挂式设计，减震效果良好。

3）上下车更方便。采用大开门、多车门及与站台等高设计的低底板，使得所有乘客都能够安全、快捷地上下车，大大提高了方便性。

4）低污染。BRT 车辆多采用清洁燃料和低能耗的动力装置，这样就有效地控制了尾气排放，降低了污染。

5）乘客信息更丰富。BRT 车辆多备有动、静态信息显示和视频、声讯播报系统，乘客信息更丰富。

6）外形美观。BRT 车辆多采用流线型设计，色彩艳丽，不仅便于识别，还可以体现 BRT 系统品牌效应。

（4）智能交通系统。BRT 系统对智能交通技术的应用包括以下几个方面：

1）动态调度。通过车辆自动定位技术实现车辆的动态调度，应用收费系统实现客流出行数据的统计。

2）辅助车辆驾驶技术。自动导向技术帮助车辆在路段运行期间保持平稳快速。精准靠站技术提高车站内的停靠精准度，缩短车站延误时间。安全保障技术保证车辆行驶过程中不受冲撞。

3）信号优先技术。该技术是基于智能控制技术和车辆自动定位技术，在交叉口使 BRT 车辆优先通行。

4）乘客出行信息服务。在车站提供线路信息、车辆到站信息、换乘信息。车内提供实时运行信息，通过互联网、电话或客源集散点的查询终端提供 BRT 系统服务信息。

5）服务方式。服务方式根据不同公交道路形式和不同的公交车辆有所不同。通过在 BRT 车站设置自动售检票系统、精确车辆停靠装置、显示到站公交车辆载客量及与车辆地板平齐的高站台使乘客快速上下车。

（5）线路运行组织与管理。BRT 系统的运营管理改进包括利用先进技术的中央调度中心、系统内车辆实现统一调度，以及对 BRT、客运通道上的常规公交线路进行整合。

1）配套地面公交线网调整。对原有道路上的常规公交线路进行调整，包括对一些平行线路的撤销和转移，建立于 BRT、客运通道上的常规公交线路进行整合。

2）中央动态调度。在 BRT 系统中利用先进的智能监控系统，针对需求和道路交通条件来控制车辆的预先状况，实现车辆运行严格按照计划时刻执行，确保系统的运营可靠性，避免乘客等候时间过长，减少车站车辆到站不均衡而引起的运行时间增加。

3）跳站式运营。根据客流出行需求的特点，设计区间车和大站车运营模式，提高线路的运营效率和客运量。

4）控制专用车道的运营车辆数。为提高 BRT 车道的使用效率，在系统运行初期，可以考虑常规公交车辆也在 BRT 专用道上行驶，限制专用车道上的公交车辆数，确保 BRT 系统运营车速在 25 千米/小时以上。

5）售票方式，为保障其快速运营，采用车外售票方式，将售票系统置于候车站台内，在公交车辆进站前完成收费，从而实现快速简单的售票。

C　BRT 系统的优缺点

（1）BRT 系统的优点。BRT 系统通过新型大容量的交通工具、专用路权、交叉口信号优先、智能交通系统等交通运营管理方式，与其他交通方式相比具有以下优点。

1）容量大。BRT 的车厢座位容量为 40~120 人，为普通公交车厢的 2~3 倍。BRT 系统独特的大容量公交车辆使得单车载客率上升，单方向小时断面流量将有较大提高，可达到与轻轨系统大致相当的运力。

2）投资低。投资一般是轨道交通的1/20~1/5，运营成本是轻轨的1/4。

3）灵活性好。BRT系统线网可分阶段实施，交叉口信号优先、乘客信息系统等技术也可以逐步引入。路面行驶方式保证了线路可以比较方便地修正或更改，当所吸引的交通流量达到系统上限时，可利用专用道建设容量更高的轨道交通系统。

4）充分考虑乘客需求。BRT所使用的车辆均为专门研发制造的新型车辆，内部宽敞明亮，有很好的降噪效果和防颠簸效果，乘客能够感觉到更高的舒适度。由于采用的是水平上下车的设计，乘客上下车和车内移动都更加方便安全。车内电子信息系统提供的乘车信息更加准确，可以让乘客随时了解车辆的运行状态，进一步增加了乘客对这种公交方式的信任度和好感度。

5）速度快，准时性高。BRT运营速度普遍高于常规公交，甚至可以接近轻轨和地铁的水平。BRT系统受其他交通方式干扰较小，易于和计划时间表保持一致。

6）安全性高。专用道和交叉口优先使BRT系统与其他交通方式完全分离，降低了拥堵时可能发生的追尾、碰撞等事故的可能性。同时，车辆追踪系统和交通事故管理系统的采用，使得在事故发生时能够及时迅速地救援，增加了对乘客人身安全的保护。

（2）BRT系统的缺点。BRT系统的缺点主要有以下4个方面：

1）占用独立的道路空间，制约其他车辆使用。BRT系统一般都要占据专用的车道，使本就稀缺的道路资源变得更加紧张。BRT高效能的发挥在一定程度上也是以限制其他车辆对道路的使用为代价的。由于受发车频率和线路组织方式的影响，专用道的利用率较低。

2）交叉口优先通行，增加其他车辆的路口延误。BRT系统普遍采用的交叉口信号优先通行措施，必将给其他方向车道的车辆带来影响，增加其路口的延误时间。

3）可能会增加乘客出行的换乘次数。目前国外BRT发展多采用干线和支线相结合的线路组织形式，在降低专用道占地率、增加站点覆盖率、减少运营车辆、降低运营成本的同时有可能会增加乘客出行的换乘次数，增加出行时间。

4）系统稳定性不高。BRT专用道多采用物理隔离措施，但仍属于半封闭系统，尤其是交叉口为平交方式时就很容易受到其他交通流的影响。在车流高峰期，BRT专用道为非物理隔离时，受其他车辆抢占车道、行人过街等横向干扰会明显增加。

D BRT系统与其他公交系统的比较

常见的公交方式主要有4种：常规公交（normal bus transit，NBT）、BRT、

轻轨（light rail transit，LRT）、地铁（mass rapid transit，MRT），分析和掌握这些公交方式的不同特性，对于充分发挥它们在城市公共交通中的作用非常重要。

3.2.3.2 快速公共汽车专用道设置

A BRT专用道设置需考虑的因素

为了保障BRT专用道的设置效果与功能发挥，通常需要考虑如下因素：

（1）运输效率。BRT专用道必须是高效率的，即应具有严格的专用路权和尽量少的交通横向干扰，应确保BRT车辆运行快速，站点和交叉点的交通延误少。

（2）服务水平。BRT专用道的设置要充分体现“以人为本”的服务理念，要充分考虑为乘客提供良好的乘、候车环境，保证乘客整体交通行为的连续性和舒适性，提供良好的乘客信息服务，实行方便、公平的票制系统及人文关怀与尊重。

（3）网络系统。要注重提高整体公交网络的服务效能，促进公交网络形成良好的空间和等级结构，促进线路之间形成方便、高效的换乘关系，包括换乘时间、空间距离和换乘费用等。

（4）环境保护。促进环境质量改善是BRT建设项目追求的重要目标，具体体现在两个方面：1）通过实施公交优先，逐步限制其他机动交通工具的使用，进而减少噪音和尾气排放总量，形成高效的和对环境友善的交通系统结构；2）公交车辆自身的环保性能改善也是不容忽视的因素。

B BRT专用道的类型与设置方法

BRT专用道的类型决定了BRT系统的运行速度与运营能力。全封闭式的BRT专用路可以提供大容量和快速的公交服务，和正常的交通轨道的服务水平是差不多的。通常BRT专用道则会受到多路口的信号的限制。所以它的运输速度会受到一些影响，所以在重要交通路口，都会设置一些公交信号优先控制，在特殊的时候可以调整一下。BRT专用道的类型与设置方法主要有以下几种：

（1）路中式BRT专用道。路中式BRT专用道是指设置在道路中央分隔带两侧或分隔线相邻车道上的BRT车道。此时，BRT车辆行驶在整条道路的内侧车道上，即靠近道路中央行驶，通常采取物理方法或路面标线进行隔离。根据道路横断面形式不同可以分为有中央分隔带的BRT专用道和无中央分隔带的BRT专用道两种形式。没有中央分隔带的道路，一般像一些专用的道布都会设置在路的两侧，通过开宽获得停靠空间。如果在有中央分隔带的路，那么专用道布就会放置于分隔带的两边，以便于设置公交站。

路中式BRT专用道的最大优势就是车辆行驶不受外界因素干扰。如果道路中不设置中央分隔带的话，就可以把双向道合并在一起，从而进行物理分隔，这样做的好处是，可以保证好 BRT 的专用性，还方便公交车超车。而那些要设置中央分隔带的路，根据实际的环境不同而进行调整，如果特殊的路段，就可以将中央分隔带和 BRT 一起分隔，这样车辆在中央分隔带开进，并靠停，乘客们上下车辆就要穿过道路了，与路侧式 BRT 专用道相比（乘客完成往返出行只需要穿越一次，如果不是往返出行还有可能不需要穿越道路），这种专用道会使乘客穿越道路的次数增多，乘客坐一回公交车，差不多都要穿过两回路面，这样没有安全性。但是正常的道路分隔带的宽度都是限定的，这样就不好设置地下交通道路，如果加入行人街信号，那么又会影响车流速度。

（2）路侧式 BRT 专用道。目前杭州等城市的路侧式 BRT 专用道，就是将 BRT 专用道设置在道路的最外侧车道，在机动车、非机动车隔离带上或者占用局部非机动车道来设置停靠点。这种专用车道设置方式有其显著优势，那就是道路改造工量小，可以与原有公交车站共用部分设施，减少城市交通建设投入，充分利用公共资源，并且方便乘客进出站和上下车。路侧设置 BRT 专用道，可以将车站改造成港湾式停靠方式，这样不仅能方便其他 BRT 车辆超车，而且还能大大降低其对社会其他车辆的干扰。

在分析 BRT 专用道在城市交通中所占优势的同时，其劣势也不容忽视，即它的适应性有限。这是因为，BRT 在实际运行中，会阻断所有车辆的到达行进，影响车辆“右进右出”的行车规律，尤其在车流量大、道路沿线开口比较多，土地开发程度深的路段，这种矛盾更加突出，如果设置这种专用车道，就会影响其他 BRT 和社会车辆的到站和进出，如果不设置专用车道，这种交通运行方式的通畅性和快捷性则无法体现。而且容易受到行人和路侧非机动车的干扰，降低行驶速度。所以，这种 BRT 专用道只能设置在车流量小、沿途土地开发程度低的路段。

（3）次路侧式 BRT 专用道。次路侧式 BRT 专用道是路侧式 BRT 专用道的一种改进形式，一般是利用路段非机动车道在原来路侧式 BRT 专用道的右侧再开设一条辅助机动车道，供沿街车辆和相交小路上车辆右进右出、出租汽车上下客，以及那些不允许使用 BRT 专用道的常规公交行驶使用。

尽管它具有较高的适应能力，弥补了 BRT 专用道的路侧式上的不足。可也存在显著的不足之处，那就是专用道如果没有物理措施来进行隔离的情况下，当辅助车道的车流需以左转的方式才可驶入交叉路口且前提还得先进入专用道的左侧车道，穿插于 BRT 的车流中，导致行驶在专用车道上的车辆无法正常行驶，特别是需左转的车流量较大的时候，专用车道的目的及意义便会大打折扣。

（4）单侧双向式 BRT 专用道。单侧双向式 BRT 专用道是指将专用道集中布设于道路一侧，其他车辆行驶于另一侧的情况。

BRT专用车道的形式是为公交车特意开辟的快速通道，这种形式最显著的缺点表现在交叉路口的运行管理上，如果BRT车辆在交叉口行驶方向不一致，有些要左转有些要右转有些又要直行，那么会增加BRT车辆与其他车辆的干扰，造成冲突，车道的冲突面积加大，采取处理措施的话也会比较复杂。BRT专用车道的优点也很显然，一是BRT车辆在专用车道中形式比较灵活、自由，一旦要超速的话比较方便，不会造成不良的影响；另一方面有利于提高环形公交路线的运行效率，如果将环形公交路线设置在内道，则会降低其他车道与BRT车道之间的干扰性，简化道路的运行，特别是提高在交叉路口的运行效率。

(5) 单侧单向式BRT专用道。单侧单向式BRT专用道是指专用道设置在道路某一侧并且只沿一个方向行驶的专用道。这种形式的专用道多出现在单行道路上。基于此，公交线路需以两条道路来实行双向行驶，同时，以相互平行的状态位于两条道路且间距较小。

(6) 逆向式BRT专用道。逆向式BRT专用道是指BRT车辆行驶方向与其他车辆行驶方向相反的专用道，一般也多用于单行道路上，这种形式的专用道优点是BRT车道不易被其他车辆占用，布设在单行道上时，反向乘客乘车方便。但不足之处是与我国在行车的习惯上相左。且因为专用车道和其他的车辆在交叉路口的行驶的特性上还没达到统一，所以有着优先权的BRT车辆会对其他的车辆造成一定的影响。

(7) BRT专用路。BRT专用路（地下、高架、专用街道、高速公路）是指整条道路都为BRT车辆所用的道路。BRT是在全封闭专用道运行，其优点很明显，那就是设施独立、速度快、运量大，这种专用道的形式从运营效果上来看，是十分理想的一种方式，但是它会占用非常多的道路资源。我国很多城市的道路资源本身就已经非常紧张，对于这些城市来讲，BRT专用道如果大量普及，会严重影响到城市道路的空间容量，并且因其建设周期比较长，建设成本高，社会效益通常不显著，所以国内大多数城市交通建设中并不适宜推广BRT专用道。

目前我国厦门的BRT系统采用的是高架式BRT专用路。

综上所述，鉴于各类型BRT专用道均有不同的适用范围，也有明显的优势和劣势，所以各个城市必须针对自己的道路交通实际，与本市土地开发、道路交通发展规划等实情相结合，因地制宜地慎重选用。

3.2.3.3 快速公共汽车运营组织

A BRT营运调度

(1) BRT车辆调度形式的确定。BRT车辆调度形式是指营运调度措施计划中所采取的运输组织形式。BRT 车辆调度基本可以分为两类：一类按车辆工作时间的长短与类型，划分为正班车、加班车与夜班车；另一类按照线路运行与停驶方式，划分为全程车、区间车、快车、定班车、跨线车等。BRT 车辆调度形式选择的原则：凡属有相对固定线路走向的公共交通方式均须以全程车、正班车为基本调度形式，并根据线路客流分布特征辅以其他调度形式。BRT 车辆调度选择形式，通常可通过计算时间不均匀系数、方向不均匀系数、路段不均匀系数、站点不均匀系数等指标来确定。例如，区间车调度可以通过计算路段（断面）客流量或路段不均匀系数的方法确定；快车调度形式可通过计算方向不均匀系数或通过客流调查计算站点不均匀系数的方法确定；高峰加班调度形式可通过计算时间不均匀系数的方法确定。

(2) BRT 线路运营模式。BRT 线路通过停站设计实现不同的运营模式，一般分为每站必停、大站快线和点对点 3 类。这 3 种运营方式可在 BRT 系统内局部或全段使用，主要根据客流需求的时间变化、根据站点 OD 的空间变化进行具体设计。不同道路类型的 BRT 服务的模式和营运时间也不尽相同。BRT 路线在主干道上运行时，客流比较均匀地分布于走廊上，客流中穿越性的占比也比较低，所以这种情况一般可以安排每站必停。BRT 线路在高速公路或者快速路上运行时，出于保证道路交通顺畅的考虑，应该安排大站快线或者点对点停靠。专用 BRT 线路站点设置超车道时，应该预设 24 小时每站必停的方案，但交通高峰时安排大站快线的运行方案。针对不同时段和不同情况灵活安排运行方案，可以充分满足沿线乘客的出行需要，又能提高运行效率。

(3) 营运时段。营运时段由客流分布时段决定，营运机构应根据客流需求、其他换乘衔接系统的营运时段确定首末班车时间。作为城市公交主干线，BRT 营运时段至少是 6：00~22：00，工作日和周末的营运时段尽可能保持一致，但班次密度可以做出调整。基于交通安全考虑，局部同向 BRT 车道可以实施部分时段专用，逆向 BRT 车道应当全天专用，接驳线路也可实施高峰时段营运。

(4) 发车方式。发车间隔和发车方式直接影响乘客候车时间和客运能力。为降低发生车辆等候进站的概率，如果有平交路口，则 BRT 线路高峰发车间隔一般不宜小于 2 分钟。如果客流量增加，根据 BRT 专用道通行能力、路口信号优先控制条件，推荐采用编组发车方式，即在起点站同时排队发车以提高客运能力，有利于发挥站台停靠泊位的使用效率。发车间隔主要根据线路的客流量和 BRT 车辆的载客量来确定。

(5) BRT 营运调度方法分析。按照调度技术特点，BRT 车辆调度可分为静态调度和动态调度两种形式。

1）静态调度。是基于人工经验的一种调度方法，指合理地编制车辆的运行作业计划，按“按流开车”和“先到先开”的原则安排全程车、大站车、区间车的组合调度时刻表。影响静态调度的因素主要有最小车辆数、同时运行的最大车辆数、最少车次数的下界、发车时间间隔及每日各种峰值时段。

2）动态调度。使用先进的技术，如通信、车辆定位以及计算机方面的，通过采集到的关于道路、客流和车辆方面的信息，并对这些信息进行传输和处理，就可以对运行中的车辆实行实时的监控以及调度，再加上调度人员凭借自己的经验对正在运行中的车辆的实际运行情况与既定计划之间的偏差进行判断和分析，来对发车时间和派车类型进行实时的调整，构建一种高效的交叉调度的模式。这种动态调度的优点是，可以随时对车辆运营的情况进行调整，使其运营的效率提高，公交部门则可以通过这种方法来使资源的配置和使用最优化，得到最高效的运营成果。智能交通应用的越来越广泛，技术也越来越成熟，调度方式也随之发生了改变，原来是人工的、静态的，现在是智能的、动态的。智能调度对于BRT来说很重要，相当于人的大脑和神经系统，智能调度是BRT显著的一个特征，BRT的正常运行离不开智能调度。

B　BRT在平面交叉口的优先通行

交叉路口信号优先通行技术是实现BRT系统功能的关键技术之一，该技术实施效果将直接影响到BRT系统功能的发挥。BRT系统要实现快速和高服务水平的运营目标，仅仅靠BRT专用道来保障车辆在路段上的运行速度是不够的，还需要通过对交叉口交通流的有效控制，实现BRT系统在线路上乃至整个城市线网上的优先。

BRT在平面交叉口的优先处理方式上有立体交叉方式和平面交叉口方式两种形式。

（1）立体交叉方式。立体交叉方式是在交叉口处采用高架桥或隧道方式使BRT车辆与其他车辆在空间上分流。该方式与其他车辆之间不产生任何互相干扰，基本上可实现无延误地通过交叉口，然而这种方式的占地空间大，造价高，因此比较适用于交通流量繁重、已接近或达到饱和流量的交叉口，但对于资源紧缺的城市交叉路口不便使用。

（2）平面交叉方式。平面交叉口的BRT优先控制方式分为：1）空间优先，是指通过设置各类BRT专用进口道的方式，使得BRT车辆在独立的、与其他车辆无干扰的专用车道上排队进入平面交叉口。2）时间优先（信号优先控制），是指BRT车辆在交通信号上的优先政策，主要体现在交叉口处BRT优先通行的信号控制上。

BRT在交叉口的时间优先技术主要通过调整信号周期来减少或消除红灯时间

对 BRT 车辆的延误，其方法大体可以分为 3 类：1）被动优先是根据交叉口历史交通流数据，预先进行公交优先信号配时，其主要方法包括调整信号周期、增设公交专用相位、增加公交通行次数和预信号优先控制等。2）主动优先则是利用数学模型算法进行交通状况数据预测，通过检测 BRT 车辆位置、车辆延误及交通流量等交通参数，采取提前、延长、增加或减少相位等信号调整方法来适应 BRT 车辆的到达。3）实时优先的控制机理最为复杂，所需软硬件设施也很苛刻，它通过采集路段和交叉口的实时交通信息，如公交与社会车辆的流量、BRT 车上乘客数和 BRT 车辆是否晚点等运行状况，进行分析、加工和处理，从而实现对交叉口信号配时方案的不断调整与优化。实时优先策略对技术要求较高，且算法复杂。该策略在减少公交车延误和缩短公交乘客出行时间的同时，将对其他交通方式的影响降为最低。

由此可见，采用平面交叉口信号优先控制技术可以提高 BRT 的运营速度，增强乘客乘坐 BRT 的吸引力，然而由于城市道路交叉口的形式多样，BRT 受到过街行人、违章行车等诸多因素的影响，这项技术的实施一直是 BRT 系统关键技术的难点问题。

3.2.4 出租汽车运营管理

3.2.4.1 出租汽车客运企业管理

A 出租汽车的内涵

出租汽车（taxi）是指充分满足乘客意愿而被雇用并按行驶里程、时间计费的营业汽车，是一种不定线路、不定车站、以计程或计时方式营业、为乘用者提供门到门服务的较高层次的公共交通工具。出租汽车作为城市定线公共交通系统的补充，具有快捷、方便、舒适的特点和优势。出租汽车的发达程度，反映了城市的经济发展水平和市民生活质量水平，也反映了城市的现代化总体水平。随着人民生活水平的不断提高，对出行的要求也逐步提高，出租汽车受到越来越多的短途（市内）出行者的青睐。

B 出租汽车的经营模式

出租车的划分，是以企业经济的属性为根据的，如私营、集体、股份制以及国营还有合伙等各种形式。不过因为出租公司所经营的方式较为特殊，其车辆的经营权总是频繁的更新或者是易主，而产权关系的转换也是常事，企业内部复杂的产权关系，多变又多样的经营模式，就目前市场现存状况，出租汽车经营模式主要有承包经营、挂靠经营、个体经营和公车公营 4 种，见表 3-2。

表 3-2 出租汽车经营模式一览表

经营模式	内 涵	特 点	适 应 性
承包经营	出租汽车经营权属出租汽车公司，承租人通过承包租赁方式开展经营，并向出租汽车公司上缴承包费、经营使用费等费用	出租汽车经营公司的存在，增加了出租汽车的经营成本与压力。在出租汽车司机与出租汽车公司的博弈中，出租汽车司机处于劣势	不适合我国城市出租汽车行业的发展状况，种种事实表明这种模式已经落伍
挂靠经营	车辆产权、经营权均归车主个人持有，但挂靠在出租汽车公司名下展开运营，公司有管理权	挂靠人负担较重，出租客运企业的自主经营和管理能力减弱，而且谈不上规模经营。司机疲劳驾驶，劳动权益得不到保护，更谈不上服务质量的提高	“挂靠”形式的产权问题会成为很大的不稳定因素，使得出租汽车司机往往凌驾在公司和主管部门的管理权之上
个体经营	“所有者、经营者、司机三者一体”，自主经营，自负盈亏	取消出租汽车公司这一中间层，可以直接降低出租汽车的经营成本	适用于任何一个城市、任何一个发展阶段的出租汽车行业
公车公营	出租汽车由公司统一经营，司机只是出租汽车公司的员工，享有相应的权利和义务	这种模式所带来的是出租汽车现代企业制度的建立和市场的规范化。出租汽车驾驶员的负担得以降低，品牌出租汽车可以推出，管理更合理	这种模式的社会形象较好，被舆论广泛推崇，不少城市也在逐渐推行这种经营模式

C 出租汽车客运企业岗位工作职责

出租汽车客运企业组织结构各部门工作职责见表 3-3。

表 3-3 出租汽车客运企业各部门工作职责

部门（岗位）	工 作 职 责
综合办公室	起草公司总结、计划、报告、请示等各类文稿； 负责公文的收发传递、管理及档案工作； 做好公司的日常办公事务和后勤服务工作，管理办公设备； 负责公司的定期会议和专题会议的通知、资料组织准备和记录工作
综合办公室	负责出租汽车承包经营合同的签订与管理，建立健全出租汽车驾驶员的信息库；

续表 3-3

部门（岗位）	工作职责
综合办公室	负责职工及出租汽车驾驶员的社保收缴工作； 负责公司印章的管理及公务车的管理工作； 搞好各职能科室的协调和督办工作； 负责对外接待工作； 负责党、工、团的工作； 负责精神文明建设工作； 协助领导完成各项工作任务
计划财务科	根据公司相关财务制度，做好会计核算和年度会计决算； 负责制定职工薪酬方案并执行落实； 按时报送各类财务报表，负责资产的账目管理； 负责各种承包金等现金的收讫管理工作； 进行财务分析、财务预测、投资项目经济论证与可行性研究、编制财务预算； 负责会计档案的管理
营运管理科	负责制定和落实公司营运技术管理规定； 负责出租汽车登记注册； 审验出租汽车驾驶员的客运资料，办理出租汽车驾驶员服务资格证，负责出租汽车驾驶员营运证件的年度审验、核发； 新车投入营运之前，车辆管理部门应及时组织出租汽车驾驶员进行认真学习，掌握车辆技术性能及注意事项； 负责机务维修车辆综合性能检测工作； 建立车辆技术档案； 督促和指导出租汽车驾驶员做好车辆日常维护工作，强化落实车辆二级维护制度； 强制出租汽车驾驶员到修理厂（站）报修，督促出租汽车驾驶员整改，排除故障、保障行车安全
安全服务科	负责向职工和出租汽车驾驶员宣传有关安全生产管理工作的政策、法规； 制定和执行本单位的安全生产管理规章制度； 组织和开展各项安全生产及安全教育、考核工作； 处理日常安全生产、安全行车事故； 参与安全事故和突发事件的应急救援和调查处理； 根据《出租汽车客运管理条例》对出租汽车驾驶员进行规范服务宣传教育； 车辆年检和驾驶员执照的年审工作； 负责督促服务质量管理办公室处理乘客投诉，提出对违规出租汽车驾驶员的处罚意见；

续表 3-3

部门（岗位）	工 作 职 责
安全服务科	负责乘客失物登记招领工作，并负责服务质量考核； 负责稽查组的指导工作； 负责消防安全工作，定期检查和完备消防器材，完成上级部门交给的各项消防安全生产防范任务，消除消防隐患
技术服务站	负责出租汽车的日常维修服务工作； 负责出租汽车的强制二级维护工作； 负责出租汽车的保洁工作； 负责车辆维修、保洁等设备、材料的管理工作

D　出租汽车客运企业的管理

出租汽车企业对出租汽车管理的水平高低，直接影响着行业的整体形象，决定和制约着整个出租汽车客运市场的健康发展。出租汽车企业对出租汽车进行科学、系统、规范、有效的管理，是繁荣出租汽车客运市场的根本途径。出租汽车企业对出租汽车管理的主要内容包括以下 4 个方面：

（1）服务管理。为出租汽车驾驶员提供完善的服务是出租汽车企业的工作重点，对出租汽车实行组织化管理不但是社会的要求，同时也是方便出租汽车驾驶员经营的需要。

（2）安全管理。出租汽车的营运安全，是优质服务的主要标志之一，也是营运生产活动的基础。

（3）培训管理。出租汽车驾驶员来自社会各个层面，思想素质和业务能力有高有低，加强岗前和岗位培训是提高驾驶员综合素质的主要途径，也是保证行业稳定发展和整体服务质量的基础。

（4）监督管理。出租汽车客运经营行为的服务质量，一方面靠管理部门的监督检查，一方面也有赖于出租汽车企业日常的监督管理。

3.2.4.2　出租汽车客运行业管理

出租汽车行业管理，是根据国家政策、有关法规，对出租汽车行业经济活动进行政策指导、计划调节、法规保障及行政指令等各项工作的统称。

出租汽车行业是一项商业性质的营利活动，管理出租汽车行业主要是根据国家的政策、法规和地方政府的法规保障合法经营，保护乘客消费者的权益，规范出租汽车行业的市场，提倡公平竞争，打击非法经营，建立一个健康、有序、规范、良好竞争的出租汽车市场。

A 出租汽车需求量预测

a 影响城市出租汽车总量的因素

(1) 宏观影响因素。宏观影响因素包括以下几个方面：一是城市经济发展水平。经济的发展促使旅客时间价值相对提高，一个地方经济发展水平与该地人们对出租汽车的消费需求成正比，即经济发展水平越高的地区人们更舍得消费，对出租汽车的消费需求越高，这样挥手即来的出租汽车便成了人们出门的首选。二是人口数量，出租汽车的需求与人口数量成正比，在人口数量多、人口更密集的城市，人们对出租汽车的需求更高；反之，在人口数量较少的城市，人们对出租汽车的需求量也较低。三是收入和消费水平。收入和消费水平与人们对出租汽车的选择性成正比，人们的收入水平越高，消费水平自然就高，更多的人出行时会愿意甚至喜欢出租汽车这种方式。四是道路交通的完备。城市道路交通的完备量决定了出租汽车在城市中的密度和行驶的速度，一个城市的道路交通网比较完善，出租汽车在道路上的行驶速度也更快，人们更愿意选择这种快速的出行方式；交通网络越密集，人们更愿意选择一种直接到达、便捷的出行方式。五是城市布局结构。城市的不断拓展使得城区的面积不断加大，其扩展方式一般是向周边的郊区做横向或纵向的扩展，这样城区面积扩大了直接延长了城区的距离，而出租汽车是在城区里最适合中长距离的交通方式，因此城市的布局结构中中长距离的路段更多，那出租汽车的使用性更高。六是政府出台的有关出租汽车的政策。这些政策主要分两种，一种是扶持政策，另一种是限制政策，前者会扩大城市中的出租汽车市场，后者会缩减出租汽车市场。如今政府对出租汽车行业还是以支持和倡导为主，毕竟出租汽车行业不仅为国民收入做贡献而且便于人们的生活。七是旅游资源的发展推动出租汽车的发展。如果一个城市的旅游资源丰富，那么在旅游资源附近的出行、住宿、饮食等行业都会迅速发展，人们一般外出旅游都会选择出租汽车的方式，既节省时间又舒适便捷。

(2) 城市其他客运交通方式。城市其他客运交通方式包括以下几个方面：1) 私人小汽车。出租汽车提供了高端的公共交通服务，出租汽车容量从近期来看不会受到私人小汽车的影响；从长远来看，城市中的公共基础设施正不断完善，公共交通系统作为其中的重要组成部分也正在扩张和完善。即使未来私人小汽车越来越普遍，但是出租汽车作为私人小汽车的替补交通，仍然有很大的需求。2) 公务车。许多使用出租汽车乘客的大多数是政府机关或事业单位执行公务，现在许多机关备有公务车辆，一定程度上会影响出租汽车市场，但是现在国家出台了许多规定限制公务车的使用，这是出租汽车市场发展的机遇。3) 租赁汽车在出行市场中也占有一定的比例，但是这与出租汽车的性质不一样，租赁汽车适合远距离的出行，比如自驾游，出租汽车则适合近距离的出行；而且两者对人数的要求也不一样，当出行人数很多时可以选择租赁汽车，人数在1~4人时则适合出租汽车。因此租赁汽车的发展不会影响出租汽车市场。4）尽管城市的发展很迅速，出现了各式各样的代步工具，但是非机动车辆仍是居民心中不可或缺的代步工具，一辆自行车就能满足人们短距离的出行，比如上下班、去超市购物、去菜市场等距离目的地不太远的地方，而且非机动车辆的成本与机动车辆和出租汽车相比更实惠、便宜。但是非机动车辆只适合短距离的出行，与适合中长距离的出租汽车市场不会产生很大的冲突。5）长期以来，摩托车也是人们喜爱的出行方式，而且其性价比和距离程度广受居民欢迎。但是由于摩托车的危险性现在许多城市都在控制摩托车的发展速度，缩减摩托车的数量，这必然会促进出租汽车市场的发展和新繁荣。6）虽然目前城市大修地铁、轻轨，增加公交车路线，这些都是补充性的公共交通工具，一定程度而言与出租汽车市场产生竞争关系，而且公共交通的服务度和舒适度以及便捷度也会对出租汽车市场产生一定的冲突。但出租汽车更适合人们应急、收入较高的人群，所以公共交通工具的增加并不会代替出租汽车在城市出行中的地位。

（3）城市出租汽车自身。城市出租汽车自身包括以下两个方面：1）运价。尽管出租汽车主要服务的是高收入人群和应急出行的人群，运价的弹性相对较低，但运价提高时，出租汽车运输需求同样会减少，也就影响了出租汽车的容量。2）服务质量。出租汽车的服务质量降低，乘客的不满意程度就大，一部分原来乘坐出租汽车的乘客有时候转向其他交通方式出行，这也就影响了城市出租汽车的容量。

b 出租汽车需求量供需平衡预测法

供求关系是市场经济的基本原则之一，即平衡供求关系才能在市场中获得更大的收益。出租汽车行业亦是如此，出租汽车的需求和供给紧密相连，互相补充。当出租汽车的供给小于需求，则出现供不应求的情况，人们打车很难，这就与便于乘客出行的原则相悖；当出租汽车的供应大于需求，则供过于求，出现出租汽车资源过剩。因此，一个城市或地区出租汽车数量的多少要根据需求量来确定。

B 出租汽车数量的管制

出租汽车的数量管制是指管理机构根据消费者需求及城市公共交通发展状况，对经营出租汽车业务的机动车数量加以控制。

a 出租汽车数量管制的合理性

（1）缓解城市交通拥挤状况。出租汽车本身作为城市中的公共交通工具，相比私人小汽车就已经是实现了资源共享，缓解了城市的交通状况。但如果不对出租汽车的数量进行管制，则会造成资源过剩。因此，共享的出租汽车一定程度上减轻了道路负担。

(2) 保证服务质量和安全水平。对出租汽车实行数量管制，一定程度上增加了行业的准入门槛和进出行业的成本，一旦出租汽车市场出现供小于求时，大量人员开始涌入出租汽车行业，导致资源过剩，造成供过于求，出租汽车司机为了争取更多的资源只能追求速度、延长工作时间，这样就对安全性和服务质量没有保障。

(3) 鼓励投资网络呼叫中心。随着网络化的发展，出租汽车也要实现现代化的升级，即需要在出租汽车上增加 GPS 定位系统和网络呼叫中心，以便加强总公司对各辆出租汽车和司机的管理和监督，而且安装网络呼叫装置也便于联系。

b 出租汽车数量管制的评估方法

(1) 每千人拥有出租汽车数量。按照城市中每千人拥有出租汽车数量来评估供需均衡状况，出租汽车拥有量的下限，即大城市不少于 2 辆/千人，小城市不少于 0.5 辆/千人，中等城市可在其间取值。

(2) 等车时间。所谓等车时间，是指从消费者为了乘坐出租汽车站在街道边等车到乘坐一辆出租汽车的时间。

(3) 有效载客率。有效载客率又称有效里程利用率，是指每辆出租汽车平均在每天运营时间内，载客里程占总运营里程的比例。

(4) 呼叫回应时间。出租汽车在收到通信网络中心叫车信息时间到指定地点接到消费者为止的时间长度，称之为回应时间。

C 出租汽车车型结构的确定

在确定城市出租汽车的车型结构时，必须综合考虑以下几个影响因素。

城市经济发展水平。各个城市经济水平上存在一定差异，而经济水平与居民的收入水平和消费水平成正比，因此在出租汽车的选择上要综合考虑各地的经济发展水平。经济水平较高的地方可以选择租价更高的出租汽车；经济水平较低的地方可以选择租价稍低的出租汽车。

城市性质和发展定位。不同城市定位对出租汽车的需求也不一样，比如以工业为主和以旅游业为主的城市在对出租汽车的需求上有很大的差异。以服务业为主的城市对高档次的出租汽车的需求更大。

城市政策因素。城市的政策对出租汽车行业的发展和车型的选择有一定影响，为了城市规划和城市的市容市貌一般政府会选择更适合城市的出租汽车车型。

环保需求。随着人们的环境意识越来越强，人们一直倡导绿色出行，因此在城市中污染度低、绿色环保的出租汽车车型更受欢迎。

各个城市和各种阶层的居民在选择出租汽车时，主要考虑以下因素：舒适度、安全性、美观性、宽敞度、耐用性、环保性。因此出租汽车制造商可以根据人们对出租车的需求要素为出租车行业制定更合适的出租汽车。同时随着信息技术和互联网的发展，出租汽车的联网和通信是必然趋势。

D 出租汽车运价管理

a 影响出租汽车价格的因素

（1）运输成本。成本是制定出租汽车价格首先要考虑的问题，出租汽车行业毕竟是一个商业性的营利活动，追求最大的经济利益是终极目标。因此在制定出租汽车价格必须要考虑出租汽车在行驶和载客过程中的各项成本支出，比如耗油量、汽车的损耗。

（2）供求关系。市场经济中供求关系是价格规律的基本原则，供求关系和出租汽车的价格是相互影响的关系，出租汽车的价格以城市中对出租汽车的供求来确定，出租汽车价格的调整也能改变城市中出租汽车的价格。

（3）经济发展水平。一个城市经济发展水平的高低直接影响人们对出租汽车的需求，在经济发展水平越高的城市，人们更加追求高品质的生活，出租汽车的便捷性是他们出行的首选，而且他们还对出租汽车的安全性和服务性、舒适度等各方面提出了更高的要求。因此在制定出租汽车价格时要考虑城市的经济发展水平和居民的消费能力，在这两者中追求出租汽车市场的利益最大化。

（4）政策因素。由于我国城市出租汽车租价采取的是由国家定价形式，因此在一定时期内，国家相关政策及城市的发展政策也是出租汽车价格形成和变化的重要因素。

（5）外部成本的影响。除以上一些常见的因素和成本支出以外，出租汽车价格的制定还受其他一些外部因素的影响，比如出租汽车的停车问题和行驶都占用了较大的城市面积，增加了其他交通工具的负担，而且日积月累的行驶对道路也有一定的损耗，这无形中增加了社会支出；出租汽车排出的废气、产生的噪音对人们的生活有一定影响，降低了人们的生活质量。

b 出租汽车价格确定方法

通过利润来推算价格。出租汽车价格的制定可以根据行业的平均利润和平均效益来制定，在保证能获得的最低的经济效益下再适度调整价格，以获得更大的收益。

通过供求来制定价格。出租汽车价格的制定在总量控制的原则下，在一定的成本范围内，参考需求和价格之间的浮动关系，制定出租汽车的价格。

出租汽车价格的制定，一方面，应与城市经济发展水平和人均可支配收入相适应，保证行业一定的利润率；另一方面，根据不同时期出租汽车的功能定位适时调整运价，通过价格机制的作用实现运力结构的调整和供求平衡。

E 出租汽车行业的指导监督

出租汽车行业的规划和法规的实施主要体现在行业管理的指导与监督，这也是行业管理的主要日常工作。出租汽车行业指导监督的主要内容是保证出租汽车的“六个统一”。

(1) 统一出租汽车的车辆要求。由于出租汽车在服务上具有方便、舒适、迅捷和安全等特点，因此必须对投入营运服务的出租汽车的要求做出统一规定，包括车辆的技术性能，车辆上的空调、音响、计费器及报警器等设施的要求，还要对用车品牌、车型及排量等做出规定。

(2) 统一出租汽车的服务标志。为方便乘客租车和监督服务质量，出租汽车必须有统一的服务标志，包括顶灯、经营者名称、专用牌照、驾驶员服务卡、营运证及租价标准等，都要有统一的规定。有条件的城市还可以统一车身颜色。

(3) 统一证件。为了提高出租汽车行业的经济效益和社会服务效益，必须对经营者、驾驶员、调度员及车辆加强管理和监督，以提高行业素质。对经营者，应就开业、临时停业、歇业、车辆增减及经营方式等方面，根据实际情况制定统一规定；对驾驶员、调度员应在技术业务水平和职业道德等方面提出要求，并对培训工作做出规定；对车辆是否符合统一规定的要求也应定期检验。要保证这些规定的实施，现在通常采用的手段是颁发各类合格证件，如对合格的经营者发经营许可证；对合格的驾驶员发准驾证；对符合规定要求的车辆发营运证。统一证件是行业统一管理的重要手段。

(4) 统一运价。要贯彻“多家经营，统一管理”的方针，必须统一行业运价。根据优质优价的原则，对不同车辆车型、不同使用时间、不同驶经地点、舒适条件及车辆新旧程度等因素考虑，制定出行业统一运价，促进行业内公平竞争。

(5) 统一发票管理。发票是乘客监督投诉的依据，必须对发票的式样、使用和管理做统一规定。

(6) 统一监督、处罚规定。统一监督、处罚规定具体包括：建立专职稽查队伍进行监督检查；定期或不定期地与工商、税务、公安及物价等管理部门开展联合大检查，组织经营单位的检查人员统一行动联合检查；设立义务和特约监督员，帮助客运管理部门随机检查；做好投诉处理工作，鼓励社会监督。

3.2.4.3 出租汽车运营组织

出租汽车的运营模式相当于出租汽车公司把一辆出租汽车租赁给个人，个人成为这辆车的租赁者后要负责这辆车一段时间内的经营管理，比如客人招揽、费用结算、现金的保管都是出租车司机一人完成，而且一辆车只能有一个司机。出租车司机作为租赁者要想尽各种办法在规定的租赁时间内赚更多钱，比如提高服务质量、稳定驾驶，这些对业务量产生一定影响。

A 出租汽车服务的基本要求与管理

服务组织（service organization）是指提供出租汽车客运服务的组织。服务组织在向乘客提供服务时必须符合一定的要求。

（1）基本要求。必须坚持、遵守国家的政策和规定、要求，明文规定不允许做的坚决不做。

秉持顾客是上帝的原则，要全心全意为乘客服务。

保证为乘客提供服务的出租汽车车辆是规范的。

保证为乘客提供安全、舒适、文明、便捷的服务。

保证满足乘客一切合理合法的需求，不论是在酒店、机场、火车站，招手即来。

在公共道路上行驶保证遵守交通规则。

（2）服务管理。

1）服务人员应该经过系统、全面的培训，拥有相关从业资格证，了解相关法律法规和政策要求，熟练掌握岗位的技巧和能力。

2）服务组织应该具备营业、车辆经营、驾驶等相关的证件，才能合法经营，同时要建立健全组织内的管理制度。

3）服务组织内部应定期开展服务人员的自我考核，比如服务质量、职业技能、职业道德等，也不定期通过乘客开展服务调查，不断改进。

4）服务组织内的服务人员，特别是驾驶人员要定期进行身体检查，以用健康的身体保证工作的顺利开展。

B 出租汽车营运方式

城市客流具有的流量大、流向分散、运距短、上下车频繁及流时分布复杂等特点，决定了出租汽车营运方式的多样性和不固定性。目前，根据各城市出租汽车的营运情况，出租汽车基本的营运方式有以下几种：

（1）扬手招车服务。处于待租状态的出租汽车在允许停靠的路段上，应停车满足扬手招车乘客租车需求，这是出租汽车营运的主要方式，尤其是在出租汽车业务量大、车辆多的大城市可以此作为主要经营方式。采用扬手招车必须具备以下条件：1）城市中出租汽车供求关系应处于供求平衡或供大于求的状况；2）交通管理部门允许出租汽车在一定条件下随时随地停车，上下客；3）在车上配备顶灯标志和空车标志，并严格执行使用规定，使乘客便于识别，扬手招车。

(2) 预约租车服务。城市出租汽车应能满足乘客通过电信、网络等途径提出的预约租车要求，并提供准时的服务。在出租汽车业务密集性小、车辆不多的中小城市，或城市道路资源比较紧张及节能环保要求的情况下，预约租车服务应作为主要的经营方式。这种营运服务方式的优点有 3 个：1）可以减少出租汽车在路面上空车行驶时间，提高里程利用率，节约道路资源和降低能源消耗；2）能减轻驾驶员的劳动强度，提升服务质量；3）可以根据乘客的用车时间和地点，就近派车，节省时间，提升营运效率。

(3) 站点租车服务。在设有出租汽车营运站点的地方，应按乘客要求，提供出租汽车服务。乘客步行到就近的机场、码头、火车站及其他出租汽车营业站租车，营业站点设专职调度人员，顺序候车，依次发车，尽力缩短乘客候车时间。

(4) 包车服务。在协议时间内，应为乘客提供满足其对出租汽车特定的需求服务。这种营运服务方式既方便了用户用车，又有利于稳定客源。

C 出租汽车调度工作

出租汽车的营运任务最终是以落实车辆供应、满足旅客运输需求来完成的。因此，及时、有效地提供车辆是出租汽车组织的核心工作。而提供车辆的工作是通过两条渠道实现的：一是空车运行过程中旅客扬手招车；二是通过调度工作实现。

(1) 调度方式。调度方式是在长期的营运生产实践中形成和发展的，它受制约于社会发展、城市建设、科学水平和通信设备等条件。调度方式是在调度原则确定后，根据通信设备、运能配置变化情况，以及承接的业务数量、类别和乘客要求而逐步发展形成的，主要有 4 种：1）人工或电脑编排预约业务订单；2）通过车队选派符合要求的驾驶员完成出市境、包车等特定业务；3）实时调派不能进入编排计划的预约业务和临时要车业务；4）妥善处理预约调度与上门业务，合理安排成串业务。

(2) 调度形式。调度形式是调度方法的外部表现形态，主要有以下几种：1）电话接派。包括电话和网络等，调度室通过电话或网络直接或间接承接业务并直接或间接下达至驾驶员出车；2）站点接派。由站务人员与上站乘客成交业务，并直接或间接下达至驾驶员出车；3）现场调度。在大型活动、会议包车服务或大客流现场，调度室派人在现场直接调派车辆。

3.3 交通管控模式与城市轨道的融合

轨道交通运营管理的重要任务是决策，决策的前提是信息，而信息是通过数据处理得到的，因此从数据分析处理的角度去讨论对轨道交通运营管理的支持是合理和必须的。而数据分析处理的技术包括数据集成技术、数据挖掘技术、基于业务的决策支持技术等。本书中选择了六类技术进行讨论，并以上海轨道交通运营为例做了深入的应用分析。

3.3.1 城市轨道交通信息集成技术

城市轨道交通信息集成技术就为城市的轨道交通建成一个信息集成平台，这个信息集成平台整合了轨道交通中各个子系统的数据，是一个便于管理轨道交通的有机整体，关键时候能充分调度轨道交通中的一切资源，实现资源的优化配置，提高调度指挥和运营管理的集约化水平以及社会服务水平，而对集成后数据的挖掘则可以更好地利用集成信息为管理和决策服务。

3.3.2 城市轨道交通网络运营技术

城市轨道交通主要包括城市中的地铁系统、轻轨系统、磁浮系统等交通网络，这些交通网络一旦出现意外状况，其传播速度之快、影响力之大、危险系数之高是其他行业难以比拟的，而且往往牵一发而动全身，需要联合轨道交通的相关部门和其他外界部门相互协作、配合。所以建设面向应急管理的城市轨道交通信息集成平台，集收集信息、整合、智能分析等功能于一体，这样面对突发事件才能实现迅速应对、高效率解决，因此如何启动应急管理工作是我国当下城市轨道交通运营管理的重中之重。

本节主要讨论了以下问题：（1）综合对轨道交通突发事件应急管理数据集成、数据挖掘及决策支持的分析，构建轨道交通突发事件应急管理信息集成及处理框架；（2）针对应急决策五个大类任务中，根据不同突发事件种类和性质再细分为对应不同突发事件或不同功能的阶段任务，每个阶段任务均有相应的应急决策模型，提出基于模型组合链的应急决策框架；（3）给出了轨道交通突发事件应急决策的动态模糊分析算法。

3.3.3 城市轨道交通出行智能优化技术

随着城市化进程的不断加快，城市中的交通网络不断扩大，如何整合交通信息优化大家的出行方式是目前城市轨道交通路径优化面临的最大难题，以往常使用的图论方法和静态路径诱导法不适合如此大的交通网络。前者计算量大、计算时间长，难以迅速做出优化；后者以道路质量和几何距离为算法依据，是一种比较理想的状态，无法体现交通网络的变化性和实时性。

因此，加强城市轨道交通多模式及多目标智能诱导优化方法研究具有十分重要的理论意义和实用价值，将有助于轨道交通和常规公交的协调优化调度，大大缩短人们的出行时间，提高舒适度，从而提高公交系统的服务水平和公共交通的吸引力，刺激城市公交的发展，优化城市居民出行结构，形成统一的城市客运体系。

3.3.4 城市轨道交通客流预测技术

城市轨道交通的列车开行必须以客运量为基础，以客流性质、特点和规律为依据，科学合理地安排列车种类、起讫点、数量、运行交路、编组、停站方案、列车席位利用、车体运用等方案。也就是说，人流量的多少是是否开设轨道交通列车的首要因素。目前国内许多列车所停的站台和路线的设置都是按照客流量来分布的，这既使交通的列车设备实现了最大的经济效益，又方便了大客流量地区的出行需求。

3.3.5 城市轨道交通票务清分技术

城市轨道交通是个复杂、巨大的工程，庞大的客流量、复杂的路线规划、各种轨道交通之间的差异、客流量和车站流量在时间、空间上的分布不均，这些都是导致轨道交通复杂的主要因素。运营线路分属不同的投资和运营主体还会产生如何将票务收入在不同主体之间进行清分的问题。传统的票务清分方法有两种：一是客流均衡模型，认为客流会均衡地分布在不同线路上；二是广义费用分析方法，这些方法在实际运营管理中的使用效果还不尽如人意。

3.3.6 城市轨道交通网络化运营系统存在的问题

城轨交通网络化运营业务平台中包含多个应用系统，且各条线路、各个业务采用的系统建设标准各不相同，至少存在两个方面问题：一是城市在不断发展，交通网络也在不断扩大，因此轨道交通系统更新的速度越来越快，这就导致系统的安全性和可靠性受到威胁；二是随着系统规模的扩大和子系统的增加，系统之间的协作能力受到考验。虽然很多研究和技术被用于系统运营风险的控制，但故障不可能得到根本地杜绝，业务应用系统故障频发，对城轨交通运营效率、效益以及顾客满意度方面造成了很大影响。

3.4 城市交通与经济的协调发展分析

城市交通发展与城市经济发展互为前提和基础，其发展水平的高低也直接影响到国民经济的发展速度。随着国民经济的不断发展，资源和要素的充分自由流动，导致了社会经济发展对交通存在一定的依赖和需求关系。

社会经济的发展对城市交通提出更高的要求，这必然推动城市交通的不断增长和系统的更新，这也是当今中国城市化进程日益加速的必然趋势，而且交通网络的不断扩展不仅提高了人们的出行速度，而且极大地降低了贸易中的交易支出，将“远距离”变成“近距离”，对经济的发展和人们生活水平的提高以及社会的进步都有很大的影响。

3.4.1 城市公共交通与国民经济发展

城市国民经济的发展，一方面为城市公共交通建设提供了必要的物质与资金基础；另一方面时间和空间上的分布不均也使得各地的交通需求产生了一定的差异。特别是人们的收入的差异使得人们在交通工具的选择和对交通的需求上也发生了一些变化。收入高的群体对交通的需求较多，比如上下班、出行旅游，家庭中在交通上的花费更多。同时他们不仅追求高速、便捷、安全、舒适的交通方式，服务态度也是他们选择交通方式的主要因素之一。

公共交通现在已经成为国民经济发展的有力支撑。主要体现在两方面：一是公共交通网络的扩展带动了各地经济和各个行业的发展，比如出行速度的提高极大地刺激了人们的出行需求，带动了旅游业的发展，许多风景优美的地方开发成旅游景点，当地经济得到迅速发展，同时人们能接受更好的教育和更好的医疗服务，进行更加丰富的休闲娱乐活动；二是公共交通的多样化发展和规模的扩大，不仅使之成为国民经济重要的组成部分之一，而且推动了社会现代化进程的加快。

3.4.2 机动车保有量与国民经济发展

随着社会经济发展和城镇化水平提高，居民出行机动化也进入快速发展阶段。南京市机动车保有量（包括汽车、摩托车、拖拉机、其他机动车等）在近年来增长速度加快，私人机动车的增长速度明显高于全市机动车的增长速度，所占比重逐年递增。南京市统计年鉴中从1993年开始统计全市民用车辆拥有量，其中包括全市机动车保有量及私人机动车保有量数据，故本部分研究选取1993～2012年间的统计数据，对南京市国内生产总值与机动车保有量的相关性进行分析研究。

3.4.3 城市道路建设与国民经济发展

南京近几年的经济发展势头蒸蒸日上，城市道路建设的步伐越来越快，新建了许多道路，也在原有道路的基础上通过改建和扩路的方式提高了全市路网的质量。南京市城市道路建设速度一直保持在中高速，由被动发展模式转向了主动发展模式，新建道路和完善道路结构并重。

4 现代城市交通管理的策略

4.1 城市交通的交通管理

4.1.1 交叉口交通管理

4.1.1.1 平面交叉口交通管理

A 平面交叉口的交通管理原则

平面交叉口交通管理应遵循以下基本原则：

(1) 减少冲突点。在交叉路口的交通管理原则之一是减少来往两个方向的车辆的冲突点，可以在交叉路口使用多种方位的信号灯控制车辆的来往方向，也可以使用单行道的方法。

(2) 控制相对速度。在交叉路口的交通管理的另一原则是控制车辆的相对速度，通过在将合流角严格控制在30°以内，采用设置隔离的方式缩小合流角；也可以在交叉路口严格控制车辆的行驶速度；可以设置减速度控制速度。

(3) 重交通车流和公共交通优先。重交通车流是指较大交通流量的交通流（干道或主干道上的交通流）。重交通车流通过交叉口应给予优先权。其方法是在轻交通流方向（支路）上设置减速让行或停车让行标志，或是延长在重交通车流方向上的绿灯时间。对公共交通，也可采取类似优先控制的方式。

分离冲突点和减小冲突区。交叉路口的冲突点较多、冲突区较大。首先交叉路口的方向比较多，本来就集中了较大的车流量，而且各个方向路径之间有很大的差异，有些方向的路径重叠性高，有的方向路径相差较远，这就大大降低了安全性，容易发生交通事故。因此这种情况下就是将冲突点分析，将冲突区缩小，提高车辆通过的效率，增加安全性和可靠性。比如可以按照机动车辆的不同划分各自的通道，各种类型的车辆必须在自己所属的车道上行驶，在左转弯的时候非机动车在车道最里面是大迂回，自行车和电动车等小型车辆则在最外面的车道是小迂回；也可以在一些交叉路口危险地段画上禁止车辆进入的标志，缩小冲突区。

选取最佳周期，提高绿灯利用率。提高交叉路口信号灯的利用率就是要根据交叉路口的车流量和车流高峰期做调查，计算出绿色信号灯出现时与车流量的比例，从而提高车辆的通行效率。

除以上这几个方法外，针对交叉口还可以采取以下的方法进行管理：划分机动车和非机动车的专属车道；人行横道比较长的话可以设置安全道；分流不同的交通方向；根据城市情况的不同采取限号出行的方法……在实际情况中运用这些措施要具体问题具体分析，因地制宜，灵活变通。

B 平面交叉口功能区界定

(1) 平面交叉口功能区的定义。交叉口功能区的定义对交叉口交通运行的安全性和畅通性有着非常重要的意义。机动车进入交叉口要进行一系列复杂的过程：感知—反应、减速、排队等待、转向或穿越、加速等，功能区则是实施这一系列复杂操作的空间范围，或者说是交叉口对其相交道路的影响区域范围。

(2) 平面交叉口功能区范围的界定。根据车辆在交叉口的驶入和驶出方向，可以分为上游功能区和下游功能区。驶入车辆受到影响的区域位于交叉口的上游，称为交叉口上游功能区；驶出车辆受到影响的区域位于交叉口的下游，称为交叉口下游功能区。交叉口功能区范围的界定，就是确定上、下游功能区的长度。

C 平面交叉口接入窗口的辨识

道路的两侧经常会有一些土地开发规划，如大型的超市、商务办公、娱乐设施、文化设施的兴建，居民住宅区的规划，等等。这就需要有支路将开发项目与主要道路连接起来，以满足这些规划设施所产生的交通需求。

在将支路接入到主要干道上时，应尽量避免其对主干道交通的影响，特别是对主干道交叉口运行的影响，这就需要选择合适的接入地点。接入窗口就是指主路两侧适合支路接入主路的一段区域。在理想状况下，接入点的位置应当位于交叉口的功能区之外。根据这条原则，可以采用排除法来识别接入窗口。

要辨别主路上何处最适合接入，首先需要清楚何处不适合接入，排除这些区域之后，剩下的区域就是适合支路接入的接入窗口。在接入窗口接入支路，可以把对主路的交通影响降到最低；同时，也提高了接入道路的服务水平和安全性能。

D 平面交叉口渠化

由于交通流在交叉口的分流、合流与冲突，容易导致运行秩序混乱、拥堵甚至交通事故等，因此需要在交叉口功能区内进行交通管理和运行组织，从而确保交通流能有序、安全、快速地通过交叉口。

交叉口的交通组织，实质上是交叉口不同流向、流量的交通流进行路权分配上的优化。在确定了交叉口放行方法（管理、控制方式）以后，首先要进行交叉口的渠化，通过交叉口的空间渠化和信号相位渠化来分离冲突点的位置或转变冲突性质。需要注意的是，交叉口空间渠化的作用是通过空间路权分配的方式固定冲突点的位置，重点是控制冲突点的位置；而信号相位渠化的作用是结合交叉口相位方案明确不同流向、不同种类交通流的时间路权，重点是控制冲突点上冲突现象的发生。因此，要根据不同条件、不同对象，注意解决好空间渠化与信号相位的整合问题，尽可能用技术与设施解决好冲突问题。

4.1.1.2 立体交叉口交通管理

立体交叉（以下简称“立交”）是指道路与道路、道路与铁路相互交叉时用跨线桥或地下通道使两条路线在不同的水平面上通过的交叉形式。采用立交可使各方向车流在不同标高的平面上行驶，消除或减少了冲突点，从而提高了行车速度、通行能力，减少了交叉口的延误和油耗。由于其控制相交道路车辆的出入，减少了外界因素对高速行车的影响，增加了交通安全度，因此它常用于行车速度较高和交通量大的道路主干线上。

城市道路立体交叉口的选择应符合以下规定：

一是减少交叉口主流方向的行驶距离，让车辆能迅速通过这个路段；二是道路网中的立体交叉口的结构要简单，减少占地面积，样式几乎一样；三是在立体车道中划分了机动车和非机动车道后，应该让同一类型的车道在立体空间上一样，相互叠加组合，节约立体交叉口的用地面积。

A 立体交叉口的类型

立体交叉口按相交道路的跨越方式可划分为上跨式和下穿式，按其交通功能可划分为互通式立体交叉口和分离式立体交叉口两大类。

(1) 互通式立体交叉口。上下层之间用匝道或其他方式连接的立体交叉口称为互通式立体交叉口。

(2) 分离式立体交叉口。分离式立交，即简易立交，是仅设跨线构造物(跨线桥或地道) 一座，使相交道路在空间上分离，上、下道路间无匝道连接的交叉形式。

(3) 下穿隧道及其适用条件。下穿隧道式立交是利用隧道从相交道路的下方穿过的交叉形式。

B 立体交叉口的交通组织与管理

(1) 立体交叉口的交通组织。立体交叉口的交通组织与平面交叉口不同，修建了立体交叉口后，由于其对车流有吸引作用，使得局部路网交通流的分配发生了变化。特别是靠近市区，交通量很大，交通状况复杂，必须对交通进行细致的分析，合理地组织立体交叉口及其局部路网范围内的交通，才能确保立交功能的发挥。

（2）交通管制方式。几乎所有的部分互通式立交都包含或潜在有车辆冲突点，对立体交叉口提供适当的交通管制，能大大减少实际发生这些冲突的可能性。事故的消除和交通运行的效率仍然取决于驾驶员的心态、车的性能以及判断能力和反应。

4.1.2 交通运行管理

4.1.2.1 行车管理

A 机动车速管理

（1）车速管理。车速管理是指运用交通管制的手段，强制性地要求机动车按照规定的速度范围在道路上运行，以确保道路交通安全。

从各地发生的交通事故情况分析来看，由于违章超速行驶所造成的交通事故占有很大比重，这就使我们不能不对行驶车速进行严格的管理和控制，特别是对那些不符合设计技术标准的路段，必须严格采取限速措施以确保行车安全。

（2）限速措施。车速限制最高行驶车速的限制是指对各种机动车辆在无限速标志路段上行驶时的最高行驶车速的规定。

道路上某点的时间平均车速是单位时间内各辆车在该点上的地点车速分布平均值，这种地点车速分布平均值可通过车速频率分布曲线及车速累计频率分布曲线来确定。

B 机动车道管理

（1）行车道宽度条件。车辆行驶的车道的宽度的设置应该以该路段的车行速度和机动车的车型为依据。

（2）单向交通。单向交通又称单行线，是指道路上的车辆只能按一个方向行驶的交通。

（3）变向交通。变向交通是指在不同的时间内变换某些车道上的行车方向或行车种类的交通。变向交通又称“潮汐交通”。

（4）禁行管理。为了调节道路上的交通流，将一部分交通流量均分到其他负荷较大的道路上去，或满足某些特殊的通行要求，根据道路条件和交通条件，实行对机动车和非机动车的某种限制通行的管理，称为禁行管理。

（5）专用车道管理。规划专用车道（或专用道路系统）是缓解城市交通问题的途径之一。

4.1.2.2 停车管理

A 停车设施类型划分

（1）按照停车设施服务对象分类。按照服务对象，可将停车场分为：1）专用停车场是指专业运输部门或企事业单位所属建设的停车场地，仅供有关单位内部自有的车辆停泊，如公共汽车总站、长途客货运枢纽等。专用停车场，几乎不为社会上其他车辆提供停车位；2）建筑物配建停车场是大型公用设施或是建筑配套建设的停车场所，主要为与该设施业务活动相关的出行者提供停车服务。配建停车场服务对象，包括主体建筑的停车及主体建筑所吸引的外来车辆；3）社会公共停车场是为从事各种活动的出行者提供公共停车服务的停车场所，服务范围最广，通常设置在城市商业活动中心、城市出入口及公共交通换乘枢纽附近。

（2）按照停车场地的位置分类。停车场按其与城市道路系统所处的相对位置，可以分为路内和路外停车场两种类型：1）路内停车场是指在城市机动车道（或非机动车道）的两侧或一侧划出若干路面供车辆停放的场所。路边停车场车辆存取方便，但是对城市机动车和非机动车交通的干扰较大，因此要求除去停车带以外，必须保留足够的道路宽度供各种车辆通行，并且通常仅限于短时车辆的停放；2）路外停车场位于城市道路系统以外，通常由专用的通道与城市道路系统相联系，对动态交通的影响较小。

B 路外停车实施交通管理方法

选择需要设置路内停车的路段，选择过程要根据道路条件与交通量状况对路段能否设置路内停车带采取初步判断，确定路内停车的设置目标，泊位数量的设置尽可能满足周边停车需求；车辆停放最小化对路段交通运行的干扰。

C 停车诱导系统的要求

停车诱导系统是通过给需要停车的车辆提供有关停车和交通方面的信息来达到改善动静态交通的目的。为达到此目的，它通过控制中心和安装了车载诱导装置的车辆全面掌握城市路网的实时交通情况和停车场的车位利用情况，利用动态交通分配理论，按出行者的要求选择停车场和到达停车场的最佳行驶路径。

4.1.2.3 步行交通管理

步行是人类最基本的交通手段，其他出行方式的始端和终端一般都伴随着步行，步行还是一种生活方式，具有休闲、锻炼、交往等功能。行人在年龄、身高、身体素质、视觉灵敏度、感知周围环境和反应时间方面有很大差异。步行交通的主要特点体现在以下几个方面：

（1）自主灵活与随意性。步行交通比较自由、随意，不像机动车辆那样需要列队按序行驶，只要给一个人能通过那样宽的道路便能随便行驶，不需要考虑顺序、让道，只要不撞到来来往往的行人和路边的东西就可以。这种方式有利于健康、比较随性，但是在交通上来说难以掌握行人的意图所以不便管理，如果遇到不遵守基本道路交通规则的行人则容易引起交通事故。

（2）高可达性。步行是人们最基本的交通方式，人们可以通过步行到达任何想去的地方，只是要花费很多时间和精力。步行不像机动车和非机动车，会遇到堵车、车辆出现意外等情况，只要克服一些时间和距离以及体力等方面的问题，便可以到达目的地。

（3）高容量性。步行的交通方式与其他交通方式相比更绿色、更健康，步行的道路也是城市道路规划中占地面积最小的；而且步行的方式则不存在停车难的问题。

（4）有限性。虽然说只要有毅力便可以通过步行到达任何想去的地方，但这还是限制在一定的距离之内，世界这么大步行方式受许多主观和客观因素的制约，因此步行的速度在所有交通方式中是最低的。

4.1.2.4 非机动车的交通管理

在一定的出行距离条件下，自行车与其他交通方式相比有着独特的优势。尽管当下社会已经进步非常快，出现了各种各样的代步工具，但是自行车仍然不会被淘汰，是许多居民的心头好。

自行车交通的优点主要有以下几方面：

（1）节能环保。与机动车相比，自行车没有尾气排放，噪音也远远小于机动车，是目前最节能、绿色、环保、健康的代步工具之一。

（2）灵活便捷。自行车对于居民来说灵活、便捷，使用性能高，居民在有需要的时候可以随时使用，通过自行车这种代步工具人们可以实现短距离内的门到门之间的代步。

（3）占地面积小。自行车与其他交通工具相比，对土地面积的占有率特别小，有较高的道路使用率，不论它是处于运动还是静止状态。

（4）有益于身心健康。自行车是绿色环保的交通工具，但是人们还可以通过自行车收获健康，每天骑骑自行车，动动全身，锻炼身体。

以上是自行车的优点，但是自行车也有一些缺点，这也是自行车的购买力不断下降的主要原因：

（1）安全性能低。自行车与其他交通工具相比，自行车本身是不经摔或不经撞的，骑行者没有保护措施；同时现在车流量这么大，自行车行驶的车道容易与机动车或行人发生冲撞，这种情况下不仅车子本身会遭受较大的损伤而且骑自行车的人也特别容易受伤。毕竟相对体型较大、速度较快的机动车来说，自行车不堪一击。

（2）舒适度不够。自行车与机动车相比，没有遮风挡雨的工具，也没有加速的工具，一旦碰到炎热和寒冬，骑自行车的人要不好热要不好冷，很难有舒适的体验；而且自行车的速度慢，一旦碰上上坡或比较崎岖的山路，只能靠推着前进；同时自行车对使用群体有很高的要求，小孩、老人、残疾人、孕妇等很难骑行。

（3）稳定性较差。自行车的行驶是靠平衡状态来掌控的，一旦有其他外力，或者行人或者车辆破坏了这种平衡则容易改变行驶的方向和速度，尤其是在下雨天气、下雪天气和结冰天气，自行车特别容易打滑。

（4）管理难度较大。由于自行车极大的机动灵活性，启动快，转向、聚集、消散、随意等特性强，给交通秩序管理与交通安全管理带来很大难度。

4.1.2.5 公交优先通行管理

建立以发展公共交通为第一位的综合交通体系是发展城市公共交通的重点所在。在城市交通发展中，最根本的政策是建立起能和小汽车进行一定量竞争的轨道交通，把人流量从小汽车中吸引到轨道中来。这对于减少机动车的污染有重要的作用，同时也是在交通需求管理当中最中心的内容。

4.1.2.6 交通需求管理

A 交通需求管理的基本理念

交通需求管理（travel 或 trip demand management，TDM）的理念，是人们通过对交通问题的不断治理当中逐渐了解到，想要进行有效、良好的交通管理，不能够去不断增加交通的供应量，这样做反而会增加交通污染的程度。产生这么多交通问题的最真正的原因是在有限道路上有无限的汽车，以及交通需求的大幅度的增加。人们对交通的认识有了这样的深化以后，在交通系统管理的基础上进一步升华，才提出了“交通需求管理”的理念。

B 交通需求管理的必要性

交通需求管理是交通可持续发展所必需的，是城市正常运行、解决交通需求与供给矛盾的有效方法。以下列出了交通需求管理的一些理由，实际上也是交通需求管理实施的先决条件。

（1）城市交通设施的容量有限。城市道路（包括停车场）面积占城市用地比率称为城市道路面积率。

（2）交通需求持续增加。国民经济高速增长和人民生活水平的持续提高，对交通产生了更大的需求。

(3) 土地资源少，不能扩大道路面积率。

(4) 净化环境的要求。汽车排放的废气、卷扬的粉尘和振动、噪音，是城市重要的污染源。

4.1.2.7 交通组织优化

交通组织优化是指在有限的道路空间上，综合运用交通工程规划、交通限制和管理等措施，科学合理地分时、分路、分车种、分流向使用道路，使道路交通始终处于有序、高效运行状态。

对道路交通进行不断的优化并不是单一性的工作，而是有系统有组织的综合性工作。交通在不断的发展中必然会带来交通流的改变，随之而来的是交通混乱，比例失调等问题也相继产生。交通组织优化工作可以具体分成三个部分，即区域交通、宏观交通以及微观交通组织优化，同时也可以划分为交通流的管制与诱导以及道路通行时空资源的分配优化两种。后者的划分依据是组织优化具有不同的方式。

4.2 城市水上公共交通运营管理

4.2.1 城市水上公共交通系统组成

城市水上公共交通同地面公共交通一样，可以分为水上巴士和水上旅游公交两种。水上巴士是临水城市的重要交通工具之一。当前我国有很多的城市都面临严重的交通问题，这一问题就给水上巴士的流行带来了契机。水上巴士一方面能够作为交通工具给城市的地面交通缓解一部分的压力，同时由于其特殊的功能也使其具备了一定的旅游、休闲等多元化服务。水上巴士的建立十分有利于我国众多临水城市发展出具有城市特色的交通体系以及旅游项目。到现在为止，在我国的许多大城市，如杭州、上海等都有相应的水上巴士，对缓解城市交通、解决居民出行等起到了很大的促进作用。

水上公共交通主要由线路、船只、码头等部分组成。

4.2.1.1 线路

A 水上巴士线路

水上巴士的功能一方面是帮助城市缓解交通拥挤的问题，另一方面也可以作为一项旅游服务。在线路的选择上主要以主城区为主，结合河道开辟环城线路或以中心城区为核心向其他方向延伸。

B 水上旅游公共交通线路

水上旅游公共交通路线作为旅游服务的一部分，需要为众多的旅客提供服务，因此，线路可以考虑在中心城区的范围内进行布设；根据城市河道情况，尽量覆盖城市相关景点。同时还要注意的因素是要给旅客们带来出行的便利。比如说当前的旅游市场面临着多种多样的需求，人们越来越趋向于休闲的度假性旅游。在苏州有众多的湖泊，这些湖泊为当地的旅游资源提供了美丽的风光以及十分不错的自然环境。所以苏州在旅游环境市场的调整上，也需要将湖泊进行积极地开发以及环境的整治，通过水上旅游公共交通路线将整个湖泊进行连接，形成一套完整的水上路线图。

4.2.1.2 船只

想要使用水上的交通工具将乘客给吸收过来，一方面必须要重点突出水上沿线的各个主要景点，另一方面水上交通工具也是十分重要的因素。简单地说，游客们在使用水上交通工具的时候，沿途所花的时间应该要少于乘坐汽车、公交车等交通工具需要花费的时间。针对这样的要求，水上巴士就必须具有一定的硬件基础。河道不同，具体条件不同，需要有不一样的水上巴士。在吨位上要选择小型以及中型的船只，同时，这些船只还必须具备能够灵活地进行停靠，以及速度比较快的优点。为了提供给游客更加舒适的出行体验，在船只当中还需要配备空调，游客在靠岸后能够通过船只上的公共自行车等进行方便的换乘。针对部分专门面向游客的旅游型船只，最好使用中型的豪华客船，在客船内还需要安装有电视、空调以及各种休闲设备。

在刚开始进行水上公共交通运营时，航班的频率要结合具体情况进行及时调整，一方面是为了避免班次太少而降低出行者的积极性，另一方面也是为了防止班次过多最终产生出行者出行成本较高的情况。

4.2.1.3 码头

在码头的分类上可以根据功能不同将其分为普通、中心以及中转码头。码头不同，其需要配备的基础设施也不一样。

(1) 普通码头占有岸线大约15~30米，在码头中对于各个旅游景点要有中英文的介绍。游客等待上船的地方可以设计成有特色的亭榭等，高度为一层，同时还必须要有完善的安全设施如扶手、照明设备以及防雨设备等。

(2) 中心码头占有岸线大约为150~200米，船只的数量要大于30艘，其中要具有8艘吨位较大的船只，码头的吨位级为150吨，标高4.5米，同时还要有一定的防洪设备。在码头上需要有公共设施，如垃圾桶、厕所、医疗点、救生设施等；需要有船只服务设施，如食物补给、供电、供水设备。在游客等待上船的地方，必须要有完善的安全设施如扶手、照明设备以及防雨设备等。在码头中对于各个旅游景点要有中英文的介绍。

(3) 中转码头占有岸线 80~100 米，船只的数量要大于 15 艘，其中要有 3 艘吨位较大的船只，码头的吨位为 100 吨，标高 4.5 米，同时还要有一定的防洪设备。在码头上需要有公共设施，如垃圾桶、厕所、医疗点、救生设施等；需要有船只服务设施，如食物补给、供电、供水设备。在游客等待上船的地方，必须要有完善的安全设施如扶手。照明设备以及防雨设备等。在码头中对于各个旅游景点要有中英文的介绍。

4.2.2 城市水上公共交通运营组织

4.2.2.1 城市水上公共交通客流分析

A 客流构成

水上巴士开通主要是为人们进行水上出行以及观光活动提供交通服务。

(1) 沿江、沿河日常出行。该部分出行是指以上班、上学、回家、娱乐购物等为目的的出行。该类型出行是水上巴士开行的主要目的，也将成为水上巴士出行的主导内容。

(2) 观光出行。观光出行是指以观赏江河两岸风光为目的的出行。该部分客流不属于水上巴士主体部分，但是在节假日时该部分可能具有较大的客流量，水上巴士的运营也必须要考虑这一部分客流出行的需求。

B 客流来源

(1) 沿江、沿河日常出行。沿江、沿河日常出行是以上班、上学、回家、娱乐购物等为目的，相比于观光出行，它的客流量更加稳定。该部分的客流主要由两部分构成：1) 转移客流。水上巴士开通后，在现有的出行 OD 中，与水上巴士的路线相吻合的部分，会有部分出行者从乘坐公交、地铁等改使用水上巴士作为出行方式；2) 诱增客流。诱增客流指的是随着土地利用的变化与发展以及社会经济的快速发展，水上巴士行经点之间的 OD 量也会不断增加，将有部分新增的 OD 量中会选择水上巴士的出行方式。

(2) 观光出行。观光出行客流量会受到景观、经济以及人文心理，运载工具设计等因素的影响，变动较大。可以通过与转移客流的调查相结合的方式对这一部分的客流量进行分析。

C 客流预测分析方法

客流预测分析是对码头及其附近地域的公共交通客流人群进行全样交通量观

测调查和抽样调查，再与城镇市民的外出特点进行结合并分析。

4.2.2.2 城市水上公共交通的运营

城市水上公共交通也采用陆路公共交通运营模式，这一模式有利于吸引出行者以及进行市场的前期培育。具体做法分为三点，即制定时刻表、设定合理的价格以及要有性能优异的船舶。

A 合理地进行水上交通线路的规划

对于水上交通路线的规划不能过于随意，必须要充分结合该城市的具体情况，根据人口分布、经济条件以及城市的规划发展要求来进行水上巴士的交通路线的设置。水上巴士也是客运公交服务的一部分，路线的设置必须要以方便市民的出行要求为标准，可以将站点设置在出行量较大且交通拥堵问题较严重的地区，如城市生活区、学校以及行政商务区等。

B 水上巴士的调度

水上巴士调度也可采用常规公交类似的调度形式，现以广州水上巴士为例说明。

（1）发班间隔。在班次的设置上，高峰时期每隔 20 分钟要有一班次，整个航程大约 45 分钟。票价设定在 1~2 元，支付方式有投币支付和羊城通。船上安排有 5 名船员，还设置有晕船药以及救生衣等安全设备。

（2）调度形式有“快船”和“慢船”。第一班次在早上 7 点发船，最后一班次为晚上 6 点钟。在早 7 点到 9 点，晚 4 点到 6 点的高峰时间段，20 分钟一个班次。在低峰时间段的班次为间隔 30 分钟。水上巴士的船只类型为 4 艘旅游船以及 2 艘快船。快船载客量为 60 名，行驶时间较旅游船快 10 分钟。旅游船的班次全程耗时 40 分钟。但是旅游船的载客量更大，比快船多 190 名。快船的基础设施较好，也便于观光。船上安排有 5 名船员，还设置有晕船药以及救生衣等安全设备。

（3）两台刷卡机刷羊城通。在试运营期间，水上巴士的船票价格是 2 元，一站的票价为 1 元。在码头上设置有等待区，等待区有投币箱以及羊城通自动刷卡机。水上巴士使用的是无人售票。

C 与其他交通工具的无缝连接

水上客运和其他方式的客运一方面是竞争关系，另一方面他们之间的联合意义更加重大。因为水运到达港口之后，乘客或者货物必须要通过其他的交通工具才能进行下一步的运输。城市内的公交系统、航空港口以及铁路等都能够给水运带来巨大的客流量以及巨大的货运量。通过水路和陆路的联合运输以及其他交通方式之间的联运订单协议等，水陆交通工具能够实现无缝的连接。

D 提高水上巴士服务质量

水上巴士中服务人员的服务质量、沿线旅游的环境以及船舶的舒适程度都是服务质量的重要组成部分。随着社会经济的发展，出行者也要求更高的服务质量。水上巴士应该通过对老式、旧式的船舶进行改造，更新设备、对服务人员进行服务能力方面的培训，以此来为出行者提供更加优质的服务，使出行者感到满意。出行者的满意度能够极大地提升水上巴士的口碑，为此带来一定量的客运量的增长。

E 完善水上交通信息系统

在水上巴士路线搭建上，要结合各项旅游资源以及充分考虑其他交通方式的时空特点。通过在各船务公司以及各个港口之间建立密切、多向的交通信息系统，增强信息的交流。而且还需要加强与陆运、空运的合作，建立起联系紧密的信息共享网络。

4.3 城市轨道交通运营组织

4.3.1 城市轨道交通运输组织

4.3.1.1 运输计划

运输计划是维护轨道交通系统运营的基础性工作，包括了客流计划、车辆配备、列车开行方案、全日行车计划、运用与检修计划、日常运输调整计划等几部分的内容。为了充分发挥轨道交通系统运量大和服务有规律的特点，轨道交通系统的运输组织必须以客流计划作为基础，根据客流规律，合理编制运输计划，合理调度指挥列车运行，实现计划运输。

A 客流计划

客流计划是指计划期间城市轨道交通线路客流的规划，它也是其他计划的基础和编制依据。新线路的编制要通过对于客流量的预测来计划，而既有线路的编制可以参考调查统计资料。客流计划的主要内容包括了发客流量，各站双向上、下车人数，全日分时段断面客流分布，全日高峰小时和低谷小时的断面客流量等。

在客流计划的编制过程中，高峰小时有断面客流，可以通过高峰小时站间到发客流量资料来计算，也可以通过全日站间到发客流量来估算。通过全日站间到发客流量求出全日断面客流量，通过调查确定比例系数的取值，再根据高峰小时的断面客流量占全日断面客流量的比例估算高峰流量。

B 全日行车计划

全日行车计划的概念和编制依据。全日行车计划是指城市轨道交通系统营业时间内各个小时开行的列车对数计划。

全日行车计划编制的依据包括以下 4 个方面：

(1) 营运时间计划，即城市轨道交通系统全日营运时间范围。营运时间是由城市居民的习惯、文化背景以及出行特点决定的。

(2) 全日分时最大断面客流量。

(3) 列车定员数。列车定员数由车辆定员数和列车编组数决定。列车编组数依据高峰时段的最大断面客流量，而车辆定员则取决于车辆的尺寸、类型以及车厢座位采用的布置方式等。

(4) 设计实际满载率。满载率指实际载客量与设计载客容量之比，它反映着系统的服务水平。

C 列车开行方案

列车的开行方案包含有列车的交路、列车的编组以及列车的停站方案三个方面，这三个方面构成了轨道交通运营组织的基础条件。在进行列车开行方案的选择时，要充分考虑旅客、货物流量特点以及经济性原则，一方面要提高运输效率，另一方面还是要为旅客提供高质量的服务。

a 列车编组方案。

(1) 列车编组种类。列车编组有三种方案：1) 大编组方案。指的是列车编组辆数在一定的运用时间内是固定的，并且数量较多。比如说地铁列车所采用的 6 辆或 8 辆的编组方案。2) 小编组方案。指的是列车编组辆数在一定的运用时间内是固定的，并且数量较少，比如说地铁列车所采用的 3 辆或 4 辆的编组方案。3) 大小编组方案。指的是列车编组辆数在一定的运用时间内是不固定的。分为两种情况，一种根据客流量的变动在不同时间段采取不同的编组，在客流高峰时段使用较多的编组数。比如地铁列出在一天内的不同时间段，采用 3/6、4/6 及 4/8 的编组方式。另一种是在全天运营时间内采用大小编组，比如地铁列车的 3/6、4/6 编组。3/6 编组相比于 4/6 编组而言，服务水平更高，维修周期更易统一，编组的调整更灵活。

(2) 影响列车编组方案比选的因素。为满足客流需求，轨道交通必须达到一定大小的地铁列车运能。小时列车运能既与小时内开行的列车数有关，也与列车编组辆数和车辆定员有关。假设小时列车运能应达到 18000 人，在车辆选型一定时，列车编组与列车间隔成正比关系；在列车间隔一定时，列车编组与车辆定员成反比关系。由此可见，影响列车编组方案选用的主要因素是客流、通过能力和车辆选型。此外，在进行列车编制方案比选时，通常还应考虑乘客服务水平、车辆运用经济性和运营组织复杂性等影响因素。

b 列车交路方案及停站方案

（1）列车交路方案的种类。1）长交路，又称常规交路，列车在线路的两个终点站间运行，到达线路终点站后折返。采用常规交路方案时，行车组织简单、乘客不用换乘、不需要设置中间折返站。2）短交路，又称衔接交路，是若干短交路的衔接组织，列车只在线路的某一区段内运行、在指定的中间站折返。采用衔接交路方案可提高断面客流较小区段的列车满载率，但跨区段出行的乘客需要换乘，以及需要设置中间折返站。与采用混合交路方案相比，短交路列车在中间折返站是双向折返，增加了折返作业的复杂性。3）长短交路，又称混合交路，长短交路列车在线路的部分区段共线运行，长交路列车到达终点站后折返。短交路列车在指定的中间站单向折返。采用长短交路方案可提高长交路列车满载率、加快短交路列车周转，但部分乘坐长交路列车乘客的候车时间会增加，且需要设置中间折返站。

（2）影响列车交路方案比选的因素。列车进行选择加入方案时必须要注重客流的空间特点。除此之外，还有运营的经济性、运营组织的复杂性、为乘客提供的服务水平以及通过能力，适应性等。根据断面客流有特点进行交路方案的选择，前者为阶梯形时，要选择短交路或者是长短交路的方案；前者为凸形时，要选择长短的交路方案；前者比较均匀时，要选择长交路方案。

（3）影响列车停站方案比选的因素。在列车停站的方案选择上，使用非站站停车的方案对于减少列车运营的成本以及降低车辆的运用十分有益，但是使用这一方案同时也会造成旅客的乘车时间不对等的情况。上称这一因素的原因是客流在空间上的不同分布导致的。同时，使用这一方案还会导致列车越行的情况。因此，客流的空间分布状况、列车的越行、运营组织的复杂性经济性以及为乘客提供服务的水准都是对列车停站方案产生影响的重要方面。

使用上述方案时有可能导致列车运行的情况，当后车通过越行超越前车时，通常进行列车运行间距的调整，以避免这一类情况的发生。可是使用这一方法会使得路线的通行能力得到降低，这对于那些客运或者货运流量较大的线路并不适合。因此，采用非站站停车方案，必须对列车运行的相关问题，包括运行站的设置和运行判定条件进行进一步分析。

D 车辆配备、运用与检修计划

车辆配备计划是指为完成全线全日行车计划所需要的车辆保有量计划。车辆保有量计划包括运用车辆数、在修车辆数和备用车辆数3个部分。列车保有量是根据线路远期客流预测数据，测算远期运行行车间隔，得出所需运用列车数；备用列车数量是按照运用列车数量的10%取得；检修列车数量一般为运用列车数量的10%~15%。

(1) 运用车辆数。运用车辆数是指为完成日常运输任务所必须配备的技术状态良好的可用车辆数量。

(2) 在修车辆数。由于运营过程中车辆存在损耗，所以为了防止事故的发展，需要定期检修车辆。在修车辆则是指处于定期检修状态的那部分车辆。车辆检修包含车辆检修级别和车辆检修周期。检修周期的确定需要考虑车辆设计的性能、各部件在正常情况下的使用寿命及车辆的运用指标和运用环境。

(3) 备用车辆数。为了预防车辆故障或者可能发生的临时运输任务，需要有一定的备用车辆。在通常情况下，备用车辆数目需要10%左右。然而，对于投产不久的新线路，由于其车辆状态良好，如果客流量不大的话，可以适当地减少备用车辆，以达到节约资金的目的。

E 日常运输调整计划

由于作业延误、设备故障等原因，会造成列车晚点，因此需要根据列车运行的实际情况，按照恢复正点和行车安全兼顾的原则，对运输计划进行调整。

列车运行是运输生产活动的重要环节，在日常运输活动中，为了保证列车运行安全和按图行车，需要设置专门人员，调整运输计划。日常运输计划调整的主要方法有以下6种。

(1) 始发站提前或推迟发出列车。

(2) 根据车辆的技术状态、线路允许速度，组织列车提高速度，恢复正点。

(3) 组织车站快速作业，压缩停站时间。

(4) 组织列车放站运行。

(5) 变更列车运行交路，具备条件时在中间站折返。

(6) 停运部分车次的列车。

F 人员配备计划

轨道交通公司主要包括运营部门、设备部门及辅助部门。其中运营部门人员主要是乘务员和站务工作人员；设备部门人员配备对象主要是车辆设备检修工作人员、变电站、触网、轨道等维护人员；辅助部门人员配备对象主要是从事信息、数据及研究工作的人员。

(1) 管理部门人员配备。管理部门人员配备应本着精简的原则，参考国内外有关公司的经验，结合自身情况，从实际出发予以确定。

（2）运营部门人员配备。1）驾驶员的配备。驾驶员的配备分为包乘制和轮乘制，前者如北京地铁，优点是驾驶员对车辆的性能情况较为熟悉，有利于保养维修；缺点是人员配备较多。后者如上海地铁，它的优点是大幅度地降低了驾驶员的配置，减少了人工成本，提高了公司效益，不利因素是驾驶员对车辆的性能不是很了解。2）站务工作人员的配备。站务工作人员配备可参照国内外有关轨道交通公司的经验，确定平均每个站所需要的工作人员定额，然后根据车站总数确定总人数。3）设备部门人员配备。设备部门维修人员分成车辆设备维修人员和其他设备维修人员。前者所需的人数参照有关经验，先确定平均每节车厢所需要的工作人员定额，然后根据车辆总数确定；后者所需要的人数可先根据有关经验确定平均每千米营业线路所需要的工作人员定额，然后根据营业线路长度确定。

4.3.1.2 列车运行图的编制

列车运行图集中体现了轨道交通行车的运行时间和线路，地铁和轻轨能正常运行也有赖于此，它把所有车次的列车都做了时间安排，规定了各个列车所停靠的站点、停靠时间、出发时间、路段检修时间、等待会车时刻、人员休息时间等。列车运行图既把整个列车运行所涉及的所有要素都整合到一起，并让彼此之间相互配合，又保证了所有列车能够安全、高效、有序的运行，所以说列车运行图是列车运行不可或缺的根本条件。

A 列车运行图的内涵

列车运行图是可以用来反映列车行驶状况的一种图解工具，多用坐标原理来体现。它能直观地显示出各次列车在实际上和空间上的相互位置和对应关系，还能直观地显示出列车在各区间运行及在各车站停车或通过的状态。列车运行图是列车运行组织的基础。

B 列车运行图的组成

列车运行分为以下几个类型：

（1）横坐标，表示时间变量，按要求用一定的比例进行时间划分，一般城市轨道交通列车运行图采用1分格或2分格。

（2）纵坐标，表示距离分割，根据区间实际里程，采用规定的比例，经车站中心线所在位置进行距离定点。

（3）垂直线，是一组平行的等分线，表示时间等分段。

（4）水平线，是一组平行的不等分线，表示各车站中心线所在位置。

（5）斜线，列车运行轨迹（路径）线，一般以上斜线表示上行列车，下斜线表示下行列车。

C 列车运行图的类别

根据列车运行速度，上下行方向的列车数量，列车的运行方式等条件，列车运行图的类别分为以下几点。

（1）按区间正线数目的分类标准：分为单线运行图和双线运行图。

（2）按列车运行速度的分类标准：分为平行运行图和非平行运行图。

（3）按上下行方向的列车数的分类标准：分为成对运行图和不成对运行图。

（4）按同方面列车运行方式的分类标准：分为连发运行图和追踪运行图。

（5）按使用范围的分类标准：分为日常运行图、节假日运行图及其他特殊运行图（如春季、夏季、施工运行图等）。

城市轨道交通系统的列车运行图多采用双线、成对、追踪、平行运行图。

D 列车运行图编制要素

时间要素、数量要素、相关要素这三要素是城市轨道交通列车运行图编制的主要参考条件。

（1）时间要素。时间要素包括以下几个内容：1）区间运行时分，指相邻车站之间的运行时分；2）停站时分，指列车停站作业（包括减速，加速，开、关车门等）及办理乘客上、下车所需时间总和；3）折返作业时分，列车到达终点站或在区间站进行折返作业的时间总和；4）出入段作业时分，即从车辆段停车库到达与其相接正线车站或折返的作业时间；5）运营时间，列车全日正常运送乘客的时间；6）停送电时间，指在运营开始前和运营结束后的停电、送电所需要确认的操作时间。

（2）数量要素。数量要素是编制列车运行图的主要依据，直接影响运行图编制的主要因素分别为：1）全日分时段客流分布，根据客流的高峰、低谷而确定的影响列车的编组、运行列数等；2）列车满载率，即列车实际载客量与列车定员人数之比，编制运行图既要保证满载率又要留有一定的余地，以应对客流异动；同时，也要考虑乘客乘车的舒适性；3）列车最大载客量，分为定员载客量和超员载客量；4）列车入库能力，指每个时段通过出入库线路的最大的列车数。

（3）相关因素。相关因素包括与其他交通方式的衔接，包括港口、机场、公交枢纽等；与大型体育场所，娱乐、商业中心的衔接；列车检修作业；列车试车作业；司机作息时间安排；车站的存车能力；电动列车的能耗等。

E 列车运行图编制步骤

（1）人工编制。人工编制的步骤分别为：1）确定全日列车开行对数；

2）确定运行图编制原则及具体要求；3）按列车运行图组成要素，收集资料并计算、查定各要素的数值；4）编制列车运行方案图；5）计算所需的运用列车数；6）征求有关部门的意见；7）修改运行方案；8）根据方案绘制详细的列车运行图；9）编写运行图说明书。

（2）计算机编制。由工作人员将运行图编制要素的数据输入计算机，由计算机编制出列车运行图，通过人机对话进行修改。这种功能可以由工作人员预先编制软件实现。ATC 系统的自动编制运行图，可以由传统的坐标图解形式表示，也可采用时间序列表示。

编制完成后，客运部门应编制相应列车运行时刻表，向乘客公布；车辆部门则应编制列车驾驶员专用的运行图。列车运行图反映了行车组织工作的水平。

4.3.2 城市轨道交通行车调度

为了确保列车安全行驶，准点到达，一旦发生紧急情况要马上处理，城市交通系统会在列车上安排列车调度员等多个特殊岗位，不要小瞧了这些调度工作，他可是在城市轨道交通系统中占着相当重要的地位，他们的存在也是为了保障轨道交通的安全运行，使列车平稳行驶、安全到站。

4.3.2.1 行车调度员的素质

行车调度员的素质决定了城市轨道交通的安全，所以要对他们进行专业系统的培训。他们的工作烦琐却至关重要，他们得掌握列车的基本性能和情况以及要熟知城市轨道交通运行图，这样才能让列车顺利行驶，准时到站。在出现安全事故时能沉着冷静地处理应对，并及时恢复列车运行，可以说他们就是整个列车的“保姆”。

行车调度员应具备以下素质：

（1）要时刻牢记驾驶员、车站行车值班员和车辆段信号值班员等与列车行驶相关的所有人员的基本情况，掌握他们的业务能力、工作经验和兴趣爱好等基本信息，能把所有工作人员的工作积极性调动起来。

（2）要准确了解列车的相关数据、行驶状况等基本信息。列车是来为旅客服务的，为了给乘客带来舒适的乘坐效果，首先要了解列车的基本性能，熟练掌握列车运行图，保证乘客安全、准时到站。

（3）要时刻关注天气变化和乘客数量，把握好这些因素给列车所带来的影响。比如，像下雨、早晚上下班时间和空闲时段对乘客数量的影响；如雷暴和阴霾天气时，有些人群就会涌入站台、出入口造成拥挤。

（4）必须熟悉与行车有关的各种技术设备，如行车自动控制系统及其信号、联锁和闭塞设备、车站折返线设备和通信广播设备等。

（5）及时正确地发布调度命令，准确填写登记簿。必须掌握列车运行图理论，熟知专业技能以及各种运行程序，能够按照实际情况绘制出自己的运行图，并准确的进行调度，正确的登记好行车记录。

行车调度员是平常正常工作的实际操作者、协调者，他们是为了保障列车运行图和圆满完成运输任务，因此，列车所有工作人员要无条件地听从行车调度员的指挥。

4.3.2.2 运行调度工作的基本任务

运行调度工作的基本任务主要有以下7项：

（1）组织指挥各部门、各工种严格按照列车运行图工作。

（2）监视列车到达、出发及途中运行情况，保证列车运行的正常秩序。

（3）在运行秩序因故不正常时，能够采取措施，尽快恢复正常秩序。

（4）及时、准确处理行车异常情况，防止行车事故。

（5）随时掌握客流情况，及时调整列车运行方案。

（6）检查监督行车部门执行运行图情况，发布调度命令。

（7）当区间与车站发生行车事故时，按运行组织工作规定的程序和内容汇报给上级主管部门，并采取措施防止事故扩大，参与组织救援工作。

地铁或轻轨在双向运行时，一般来说都是按右侧单方向运行，列车运行应该按区间间隔行驶。即使掌握行车闭塞方法、列车运行图及行车交路等运行方法后，也没有完全解决列车运行中所存在的问题。造成这种情况的原因是列车运行的状态是时刻在发生改变的，比如旅客数量的变化，列车计划出现变动、列车晚点、遭受强对流天气等，针对这些突发情况应该有应对措施并及时调整运行图；当车站或线段发生紧急情况时，要迅速启动应急预案，及时抢救受伤人员，防止事故恶化，要视实际情况果断进行处理，及时采取补救措施，确保列车按图有序行驶。这一任务主要由行车调度员完成。

为统一指挥日常运输生产工作，地铁或轻轨的行车工作必须坚持高度集中、逐级负责的原则。行车调度员统一指挥；车辆段由运转值班员统一指挥；列车由列车驾驶员负责指挥；列车到站后，行车值班员应该安排所有的乘务工作员展开工作，行车工作有严格的分工制度，每一个级别，每一个岗位都有其不同的分工，而且必须坚决执行上级所交给的任务，还有一点得注意，地铁或轻轨在行车过程中由区域行车调度员管理，一旦进入车站又转为车站值班员管理。由车站值班员指挥。

4.3.2.3 运行调度工作的主要设施

随着城市轨道交通运行控制系统的设备逐步向自动化、远程化、计算机化的方向发展，列车运行调度设备也从人工电话调度指挥方式，向电子调度集中和计算机调度集中控制设备发展。

A 人工调度指挥系统

（1）调度所设备，包括调度电话总机、传输线。

（2）车站设备，包括调度电话分机、传输线。

（3）车上设备，包括无线调度电话。

由调度员通过调度电话与车站值班员直接对话，由值班员安排列车进路，了解列车到达、出发信息，下达列车运行调整调度命令，通过车站值班员调度电话分机，呼叫列车驾驶室的无线调度电话，传达调度命令，调度员人工绘制实际运行图。

B 电子调度集中设备

（1）调度所设备，包括调度集中总机、运行显示屏、运行图绘制仪、传输线等。

（2）车站设备，包括调度集中分机、传输线等。

（3）车上设备，包括无线调度电话。

电子调度集中设备实现了运行调度指挥的遥信和遥控两大程控功能（欠缺遥测这项基础功能）。此时调度员将直接安排列车进路，直接指挥列车运行调整，并通过显示屏监督列车运行情况。在必要的时候，则可将列车运行进路排列工作下放至车站，由值班员执行。

C 计算机控制的自动调度设备 CATS

计算机控制的自动调度设备 CATS（computer automatic train supervisim）即 ATC 系统中央控制室（OCC）中的调度指挥系统，主要功能如下：

（1）具有列车运行显示及人工控制功能。

（2）能发出控制需求信息，并从线路轨道及信号设备接收信息。

（3）能由 OCC 自动或由调度员人工将调度信息传送到车站设备（如停车时间、运行等级等）。

（4）实现列车的动态显示，如列车位置、到站出发时分、车次车号等。

（5）储存多套列车运行图，如正常运行图、节假日运行图、施工运行图、事故调整运行图等。

（6）按当前正在使用的列车运行图调整列车运行。

（7）监视列车运行、调整列车发车时间、控制列车停站时分、控制终点站列车进路。

(8) 非正常情况报警。

(9) 生成与修正运行报告、记录运行数据信息、提供实时记录的重放，包括运行图、统计指标等。

4.3.2.4 行车调度日工作程序

行车调度日工作程序在末班车入段停电后，为各项设备、设施的检修保养和线路施工养护的时间。但一般最迟必须在4：00前结束。

启用ATC系统时行调的日工作程序（以上海地铁1号线为例）如下：

(1) 每天4：00~4：30，日运营前的准备工作：1) 通知各站汇报检修人员、器具撤离情况，确保隧道内无人、无物遗留；2) 通知各站汇报线路及触网情况，并记录。

(2) 当情况正常时，通知电调向触网送电。

(3) 待电调回复送电完毕后，行调通知各站、段准备，按图定时间行车。

(4) 启动CATS，输入信息，调用当日列车计划运行图。

(5) 头班车出段，投入运行。

(6) 末班车入段，通知电调正线触网停电。

(7) 打印运行报表。

(8) 停电完毕，通知车站进入隧道维修养护开始。

(9) 中断CATS工作。

(10) 做好各类事故的统计整理。

(11) 汇总调度报表。

4.3.2.5 行车调度工作分析与考核

A 行车调度分析

运行调度分析是指对列车运行图进行综合分析，查找行车秩序不正常的原因，寻找规律性的特征以供修改列车运行图，完善各方面的工作。列车运行图分析主要包括以下内容：

(1) 日运行图分析。一般情况下，由当班主任调度员负责分析，对列车运行计划完成情况、车辆运用情况、检修施工情况、电力运行情况、环控运行情况进行统计，并对列车晚点原因分类说明。

(2) 旬运行图分析。由调度所日勤分析员在日运行图分析的基础上，对列车运用、走行里程、正点率、计划兑现率及调度调整手段进行分析。

(3) 月运行图分析。在调度所主任的主持下，在旬运行图分析的基础上，完成对列车运用、走行里程、正点率、计划兑现率、运营里程、空驶里程、技术速度、行车事故次数等指标的分析。

(4) 特殊项目分析。如一段时间内，列车运行正点率持续较低，就应该对列车运行正点率作为特殊项目分析，找出列车晚点原因（如设备影响、客流大、天气不好、司机操作水平差等）。

B 行车调度工作考核

行车调度工作考核指标包括计划兑现率、列车正点率、列车运行通过率和平均满载率等。

(1) 计划兑现率。计划兑现率是指实际开行车数（不包括临时加开的列车数）与列车运行图计划开行的列车数之比。

(2) 列车正点率。列车正点率是指按列车运行图的图定车次、时间准点运行的列车数（包括根据调度命令临时加开或减开，以及调点列车）与全部开行列车数之比。

(3) 列车运行通过率。列车运行通过率是指在车站不停车通过的开行列车数与全部列车数（不包括列车运行图图定的通过列车）之比。

不论是在始发站还是中间站，由于晚点或其他原因，列车不停站通过，都统计为通过列车数，某次列车如连续或不连续在几个车站通过，只统计为一个通过列车。

(4) 平均满载率。平均满载率反映单位时间内的车辆运能利用的程度。

4.3.3 城市轨道交通客运组织

由于城市轨道交通会按照不同时间客流量的大小具有高峰期和低谷期的不平衡，并且不断适应着城市产业布局的优化和居民出行方式的变化，所以，需要计划性的对客流进行组织管理，不断提高客运管理质效。

4.3.3.1 客流组织的内容

轨道交通大规模的客运量是建立在对客流进行合理组织的基础上。对客流的合理组织表现为妥善布置相关硬件设施，对客流进行合理疏导完成客流输送的目标。轨道交通控制中心负责轨道交通线路的客流组织工作，车站的客流组织由站长/值班站长负责。

对客流的组织管理不仅表现在合理安排车站售票位置和检票位置的距离和数量、妥善安置车站及广播导向、强化布置车站自动扶梯、优化配置隔离栏杆等设施，还表现在相关工作人员配置到位，制定相应的应急预案等方面。轨道交通客流组织的原则是在确保客流安全与顺畅的前提下，把乘客及货物送达目的地，同时防范客流拥堵，及时采取疏通措施。不管是何种形式的车站（高架、地下、地面），进站乘客最基本的流线是购票—经过检票机—通过楼梯上站台—乘车。出站乘客则反之。大客流的情况下，车站通过合理安排人员，做好乘客的疏导、宣传工作，对车站人流进行控制。人流控制应采取由内至外、由下至上的原则，在车站出入口、入闸机进行人流的两级控制。侧式站台的车站相对于岛式站台的车站容易将不同方向的客流分开，但不利于乘客的换乘，售、检票设置较分散，不利于车站管理。

所以，客流的组织管理需要遵循以下几点要求：（1）优化配置售票位置和检票位置，由于客流出入口、楼梯等地相对固定，要确保客流各行其道，避免造成拥堵；（2）当遇到乘客进行车辆换乘时做到顺畅衔接；（3）建立健全诱导机制，适当导引分流，使客流能按次序乘车；（4）均匀布置站台范围内公共区楼梯与扶梯；（5）满足换乘客流的方便性、安全性和舒适性等一些基本要求；（6）客流流量控制，可以通过对客流出入口地点进行控制等方法，加强站区客流流量控制。

4.3.3.2 车站客运技术设备认知

A 乘客导向系统

乘客导向系统由设置在车站外、出入口、通道、站厅、站台和车辆等处，包括图形、文字、符号和数字在内的各种静态导向标志，以及实时发布的视觉和听觉导向信息组成。具体可分为静态导向标志和动态导向信息，动态导向信息，即实时发布的导向信息，是静态导向标志的补充。

B 售检票设备

售检票设备指为乘客提供售票和检票服务的相关设备。目前，国内轨道交通线路均采用自动售检票系统。

C 站台

站台供列车依靠和乘客候车、上下车使用。站台按形式不同，分为岛式站台，侧式站台和岛、侧混合式站台。

D 站台屏蔽门

站台屏蔽门是安装在站台边缘，将站台区域与列车运行区域隔开的设备。站台屏蔽门系统由门体结构、门机驱动系统和控制系统组成，具有降低空调能耗、保证候车安全、提高环境舒适度等功能。

E 升降设备

车站升降设备主要有楼梯、自动扶梯和垂直电梯等，主要是为乘客提供快速、舒适的升降服务。为降低运输成本，出入口的升降设备通常采用步行楼梯；站厅、站台间的升降设备通常采用上行自动扶梯、下行步行楼梯；垂直电梯主要是为行动不便的乘客服务。

F 其他设备

车站的其他客运设备还有广播、照明、通风和空调设备等。

4.3.3.3 车站客运作业

A 客运作业基本要求

车站客运作业包括售票作业、检票作业和站台服务等。车站是轨道交通对乘客服务的窗口，车站客运作业直接面对乘客，客运作业的质量既反映了轨道交通的乘客服务水平，也反映了轨道交通的运营管理水平，关系到市民对轨道交通的满意度。对车站作业的基本要求主要有6个方面。

(1) 站容整洁。车站内外门窗应完整、明净；整齐划一摆放硬件设备：保持站台、候车厅、人行通道、进口和出口的四周墙壁应干净，地面整洁没有痰迹等垃圾；定期清理厕所，保持卫生。

(2) 导向标志完善齐全。车站出入口应有站台标记，车站内应有到达出入口、检票口、站台、售票处等处的导向标志。

(3) 优质服务。工作人员接待乘客时要注重文明用语，讲礼貌，对待乘客要热心，解决事情要耐心，接受建议要虚心，工作要细心，自觉遵守爱岗敬业职业道德准则。

(4) 遵章守纪。工作人员必须严格按照客运规定要求自己，服从指挥、团结协作，工作时间着制式工装，保持仪容整洁。

(5) 掌握客流规律。车站客运部门要经常进行客流调查与分析，积累客流资料，掌握不同时期、季节、时间和性质的客流变化规律，对可能出现的大客流应有一定的预见性。

(6) 搞好联防协作。客运作业人员应随时与车站值班员、列车驾驶员、公安人员等有关工种作业人员加强联系，密切配合，协同工作，确保列车与乘客安全。

B 客运服务流程

轨道交通乘客从其出发站输送到目的站，为他们提供安全、便利、舒适和快捷的乘车、候车的环境，运营企业必须在每一个环节均为乘客提供优质的服务，使每一位乘客在从购票乘车到下车出站的全过程中都感到满意。

(1) 引导乘客进站。为了使乘客进站后顺利找到乘坐车辆，需要在地铁进出口放置显眼的指示牌。

(2) 问讯服务。在车站内设立专人负责接受乘客问询，也可以设置自助设备为乘客提供咨询服务。目前，地铁车站均提供自助式服务，在一些城市，已经采用了自助售票机实现售票和部分问讯功能一体化的设备。

(3) 售检票服务。目前轨道交通提供售票服务的主要形式是自助发售为主、人工发售为辅的方式，提高了服务效率和水平。

(4) 组织乘降。站台应设有明显的候车安全线，提示乘客在列车未进站停稳、车门未完全打开之前，不要越过安全线，以防发生意外事件。目前，轨道交通基本都采用了屏蔽门技术，保障了乘客的候车安全。而且车站设有广播室，随时播报每天的车次和时间表，方便乘客选择。

(5) 出站验票。乘客到达目的站后，持票卡验票出站，车站应有各类导向标志，引导乘客从所需要的出入口出站。同时利用自动售检票系统，车站还可提供票卡分析服务。

C 站台服务作业

站台服务作业的主要内容是接送列车、组织乘降和站台管理。

(1) 接送列车。在接送列车时，应精神饱满、思想集中，站在指定位置，面向列车，目送目迎，注意列车运行状态。遇有危及行车安全和乘客安全的险情，应立即采用有效措施并及时向车站值班员报告。在列车到达过程中，提醒乘客在安全线内候车，上车时注意安全，维持站台上的候车秩序。

(2) 组织乘降。列车到达前，应组织乘客尽可能在站台上均匀分布候车，以缩短列车停站时间。列车到达后，提醒乘客先下后上。

(3) 站台管理。加强站台巡视，防止乘客跳下站台或进入隧道。注意候车乘客动态及其携带物品，发现异常、可疑情况，或闲杂人员在站台上长时间停留，应及时与有关人员取得联系，进行处理。与列车驾驶员密切配合，防止车门夹人、夹物，或车门未关闭列车起动等现象，保证乘客安全。遇发生伤亡事故，应保护现场，疏导乘客，做好取证，并协助清理现场。

D 投诉及客伤处理

轨道交通作为一个服务性的公共交通企业，投诉及客伤的处理是不可避免的。妥善接待、处理投诉及客伤，是良好的企业形象、企业管理水平的体现。

(1) 投诉的处理。乘客投诉是指乘客对轨道交通运营服务质量提出不满意见，涉及规范服务、乘车环境、票款差错和列车运行等方面。按责任承担，投诉分为有责投诉和无责投诉。在有责投诉中，按事件的严重程度，可分为一般有责投诉和严重有责投诉。严重有责投诉是指乘客通过各种途径对轨道交通运营服务质量进行投诉，经查实确为轨道交通方责任，并且事件的情节与后果严重，给社会造成较大的不良影响。

建立健全乘客投诉机制，明确运营服务主管部门作为受理部门接受乘客投诉事宜，另外公开投诉电话，提供咨询服务，接受乘客意见建议。接到乘客投诉，要高度重视，第一时间展开调查核实情况上报上级领导，并及时回复乘客。对于一般投诉，要热心接待，按照规定做出合理性解释，并在3个工作日之内回复处理结果，事后做好跟踪反馈，调查乘客满意度。

(2) 客伤的处理。客伤是指乘客在轨道交通管辖的运营区域内发生的人身伤害及伤亡事件的总称。客伤处理的原则是真诚待人、实事求是、适时安抚、协商解决。轨道交通企业需要建立乘客受伤处置规定，明确责任部门和专门人员进行妥善处理，定期培训，使工作人员了解企业的管理规定、硬件设施使用方法，普及法律常识。

轨道交通企业为了维护企业和乘客的利益，应向保险公司投保或设立安全基金，以帮助企业妥善处理客伤理赔事宜。从客伤的处理中，也可反映出运营管理中的缺陷和一些设备设施方面的不完善，帮助企业发现问题，解决问题，更好地做好为乘客服务的工作。

E 车站客流组织

车站作为轨道交通客流重要枢纽，主要包括进出口和通道、候车厅、候车站台自己放置设备、人员居住、管理办公室等住房。车站按照功能不同可以划分为付费区域、免费区域和设施管理房屋。乘客的活动区域主要是付费区和免费区，乘客在这两个区域活动需要穿过由栅栏组成的通道。

(1) 地铁车站候车环境。地铁站候车厅主要包括进出口、通道、检票厅、候车站台。

1) 地面出入口及通道。按照乘客出入车站的方向不同和流量大小，设置进出口的位置以及通道的个数、大小、间距。客流的方向不同是首要考虑的问题，从长远发展来看，需要留出应急通道和进出口，到必要时开通使用，为了防范消防事故，保证客流安全，进出口通道至少开通两个。

2) 站厅。地下一层一般作为站厅使用，其作用是为了分流乘客，进行售票和检票服务，安排管理用房和设备用房。主站厅由付费区和免费区组成，中间会用栅栏隔开，站厅主要用来存放设备，包括指示牌和自动售票设备、自动检票设备。站厅容纳乘客的数量用容纳率来计算，即每平方米容纳的乘客量，按照广州地铁客流组织管理情况，站台容纳率大概在2~4人/平方米。

3) 站台。地下二层一般作为站台使用，用来为列车停驶、乘客上下车提供场地，主要包括站台、电线以及电梯设备等。站台能安全容纳乘客的数量用容纳率来计算，即每平方米站台安全容纳乘客的数量。按照广州地铁客流管理情况，站台容纳率维持在2~4人/平方米。

另外，为了保证乘客进出站顺畅不拥挤，提高客流量，减少乘客等待时间，要妥善设置自动扶梯和检票设备及检票亭子的位置和规模，所以，要依据客流组织管理的要求，在组织过程期间设计站台的时候要因地制宜依据不同的车站形式来确定站台的客流组织方法。

（2）换乘站的换乘方式。换乘车站通常具有客流量大、乘客流动复杂、组织管理困难等特点。换乘车站对客流的组织管理需要因地制宜合理采用恰当的方式，减少乘客逗留时间，保证客流量的顺畅，方便乘客出行。

1）站台直接换乘。两条平行线路交叉形成环岛式车站，此时需要有相对较宽的换乘楼梯或自动扶梯，保证换乘高峰期乘客流通顺畅，避免客流拥堵现象。

2）站厅换乘。当乘客需要换乘车辆时，需要走楼梯或自动扶梯从一个车站的站台经过其他车站的站厅或两个站台合用的站厅，到达另外的站台，这时候乘客都按出站顺序流动，避免进出交叉，提高客流速度。

3）通道换乘。通过在不同车站修建独立的换乘道路方便乘客换乘，这种设计方式要确保对乘客进行合理组织管理，及时疏导客流，防范换乘乘客与来往客流拥堵通道。

4）组合式换乘。根据站台设置管理的不同，工作人员要合理选择对应的客流组织方法，积极做好引导工作，保障客流随时通畅。

4.3.3.4 大客流组织与调整

A 大客流的内涵及分类

a 大客流的内涵

大客流是指在某一时段集中到达的、客流量超过车站正常客运设施或客运组织措施所能承担的流量时的客流。一旦发生突发应急事件出现大规模客流拥堵情况，车站要及时派出专人进行安抚，引导客流方向，第一时间与地铁公安人员沟通请求协助。控制乘客流量需要按照先内后外、先下后上的原则，围绕重点区域组织控制管理，如进出站口、进站闸机、站厅楼梯、站台楼梯、电梯口等地方。

b 大客流的分类

一般车站大客流情况是指车站乘客超过车站容纳量的70%。

按照不同车站的运输能力差异，参照发生大客流时人、财、物损失大小，危害影响范围自己中断时间长短，大客流主要包括3个等级，即一般、较大和重大三个级别。

（1）一般级，即Ⅲ级突发大客流，是指站台较拥挤，地铁运营秩序未受到较严重影响，通过车站及邻站支援能够处置的突发大客流。

(2) 较大级，即Ⅱ级突发大客流，是指站台、站厅都较为拥挤，地铁运营秩序受到一定影响，以地铁公司为主能够处置的突发大客流。

(3) 重大级，即Ⅰ级突发大客流，是指站台、站厅和出入口都较为拥挤，预计持续超过30分钟以上，地铁运营秩序受到严重影响，可能或已经造成人员伤亡、财产损失等后果。从客流的时效性和产生原因将大客流分为节假日大客流、暑期大客流、大型活动大客流和恶劣天气大客流。

1) 节假日大客流。节假日大客流主要由购物休闲、旅游观光和返乡探亲等乘客构成，在节假日期内，造成地铁各站客流较平时有大幅上升，购买单程票和初次乘坐地铁的乘客居多。

2) 暑期大客流。暑期大客流主要由购物休闲、旅游观光和放暑假的学生等乘客构成，每年七八月地铁各站客流较平时有明显增加。

3) 大型活动大客流。大型活动大客流是在特定时间段（如活动结束后）客流会显著增加，且一般都在周末。因大客流所发生的时间和规模大多可预见，且持续时间较短，影响范围有限，通常只对该活动地点附近的车站影响较大。

4) 恶劣天气大客流。恶劣天气大客流是指出现酷暑、大雨、暴雪、台风等恶劣天气时，地面交通受到较大影响，市民改乘地铁或进入地铁车站避雨，造成地铁车站客流明显增加，对车站客流组织带来一定困难。

B 大客流的组织与调整方法

轨道交通公司面对大客流冲击的情况时，要第一时间疏通引导乘客，保证乘客安全。大客流的组织管理方法分为以下几点：

(1) 增加列车运能。按照大客流的发生方向，一旦发生突发事件，需要按照就近原则组织车辆进行折返以及存车，增加应急后备车辆。强化车辆运营效能是保证客流安全疏通，进行大客流组织管理的关键措施。

(2) 增加售检票能力。检票效率和售票效率在大客流组织管理中发挥着至关重要的作用。修建可供疏通大客流的应急通道是进行车站设计首要考虑的问题，为了大客流应急处理，需要预留出一定量的车票，增加地面售票点、通道售票点、站厅售票点及其他临时售票点，保证乘客出入畅通。在细节区域做好服务，例如提前准备售票位置和检票位置、零钱和预备车票、临时售票地点、出区梯、临时指示牌以及隔离设施等。

(3) 采取临时疏导措施。在大客流组织中，临时合理的疏导对客流方向进行限制是一项很重要的组织措施。安全及时疏通乘客，重点区域包括进出站口、站厅站台、电梯扶梯等地方。按照临时售票位置及检票位置来疏通进出站口和站厅的乘客，控制乘客流动区域，避免出入通道拥堵，确保车站秩序井然。可以通过设立临时指示牌、警戒装备及隔离设备等方式，也可以派专人指挥或者广播播报疏散客流。

(4) 关闭进出站口进行进出分流。因为大客流发生时，情况复杂，不易预判，所以可以采取关停进出站口甚至控制部分乘客、人为延长疏通乘客时间的方法，确保乘客安全，提高客流管理质量。

C 突发事件客流组织

突发事件是指在没有任何征兆的情况下，在城市轨道交通车站内、列车上或其他设备设施内突然发生的、危及人身安全的事件，如自然灾害地震、人为因素爆炸、设备故障火灾等。

突发事件发生时在车站内或列车上的客流均称为突发事件客流。为了防止意外发生或者扩大，造成乘客人身、财产及公共设施的损失，所有车站都应该提前建立应对突发事件的预案。针对本站的实际情况，对乘客疏散实行有效的组织引导。各岗位、各地点都应明确工作任务及措施，采取疏散、隔离、清客等办法做好突发事件的应急处理。疏散是指在紧急情况下，利用一切通道和出口迅速将乘客从危险区域全部转移到安全区域，包括车站疏散和隧道疏散；清客是指当车站或列车出现异常时，需要将乘客从某一区域全部转移到另一区域，包括车站清客和列车清客；隔离是指采用某种方式或设备人为地隔开人群或封闭某个区域。

4.3.4 城市轨道交通票务组织

城市轨道交通的运营收入主要是票款收入，票价则是轨道交通运营政策中最重要的因素。票务管理主要包括指定票价、确定票制、检票管理、售票管理等，各部门必须做好相关的管理工作。

4.3.4.1 城市轨道交通票制与票价

A 票制

票制是票价制式的简称，有两种形式：单一票价制和计程票价制（分级票价制）。

据统计，目前世界各国轨道交通中约有 57%的线路或城市采用单一票制，43%的线路或城市采用计程票价制。单一票制指的是轨道交通全程只发售同一种车票，票面价值也相同。采用这种票制既有其优点，如售检票方便，运营效率高。只有进站检票，出站不检票的模式能减少车站管理人员数量，节约人力成本。缺点是无论路程远近，乘客所需支付的车费是相同的，设置上不尽合理。这个过程中，既要考虑轨道交通的运营成本，又要考虑乘客的实际利益，所以票价的制定比较困难。而计程票制则是按乘客乘坐里程计算票价，但是车票票价各异，出入站都需要检票，工作人员数量增加，需要投入的人工成本较高，解决这些不足的办法是安装自动或半自动的检票设施。

目前情况下，乘客平均乘坐距离较短、轨道运营里程长的线路通常采用计程票价，而乘客平均乘坐距离较长、轨道运营里程较短的线路通常采用单据票价制。同时，流动人口密集和旅游业发达的城市还可以采用普通时段和高峰时段不同票制轮换的办法，一方面可以人为调节乘客流量和时间分布，另一方面还可以提高轨道交通运营的经济效益。

B 票价

轻轨或地铁等城市轨道交通的票价需要经政府部门结合多种因素，并综合考虑民意后确定。城市发展水平、市民收入水平、其他交通方式的票价、物价政策等都是影响轨道交通票价的因素。这是因为城市轨道交通不仅仅是单纯的经营单位，不能将营利作为唯一的目的，而需要在运营过程中承载特定的公益性质。

4.3.4.2 城市轨道交通售检票的方式

A 开放式售检票

开放式售检票是指车站不设检票口，乘客在上车前或列车上付费，车上有随机查票并进行补票与罚款的售检票方式。

B 封闭式售检票

封闭式售检票是指车站设检票口，乘客进出收费区进行检票并完成收费的售检票方式。封闭式售检票又有传统的人工售检票、半自动售检票和先进的自动售检票3种方式。

结合轨道交通发达国家的经验，并按照城市交通发展趋势来看，实行计程票制的城市和线路，通常采用的是自动或半自动的售检票模式。相对于传统的单一票价制模式，这种计程票制模式需要投入比较大的成本来购置和维护售检票设备，但其优势也更加明显，比如提高轨道运营部门的工作效率，节省人工成本，同时保证乘客能快速出入，节约时间，方便市民出行。这种模式由于采用了先进的技术和设备，可以对乘客数量、出行目的地、出行时间、票款收入等数据进行准确记录和科学分析，不仅对票务管理工作有利，对整个轨道交通的综合管理也大有裨益。

4.3.4.3 自动售检票系统

自动售检票系统（automatic fare collection system，AFC 系统）是基于计算机技术、网络技术、自动控制技术等，能够实现购票、检票、计费、收费、统计全过程的自动化系统。

A AFC 系统组成

AFC 系统是集电子技术、计算机通信和微机实时控制等于一身的自动收费系统和数据库系统。在轨道交通 AFC 系统的发展过程中，先后出现过磁卡 AFC 系统、磁卡和 IC 卡兼容 AFC 系统、IC 卡 AFC 系统 3 种技术制式。

a 设备组成

AFC 系统主要由以下几个部分组成：中央计算机、车站计算机、编码/分拣机、人工售票机、自动售票机、闸机、自动加值机。

AFC 系统中的自助服务特性是比较明显的：(1) 在实行人工售票的同时，增加了自动购票机的数量，乘客可以不用像过去一样在人工售票窗口排队等候购票，而是可以方便快捷地实现自助购票，大大节约了乘客的时间，也节约了运营部门的人工成本。(2) 增加了一卡通的自动充值机数量，方便乘客自行充值，节约了等待时间。(3) 增加了自动查询机的数量，乘客可自行查询想要了解的相关信息，方便快捷地出行。

b 使用方法及注意事项

(1) 使用方法。在使用 AFC 系统的车站，乘客应提前准备好 1 元面值的硬币，如果使用纸币，应是 5 元或 10 元面值并且保证八成新。然后在自动售票机上按照屏幕的提示操作购票，自助购票如果出现余额，售票机会以硬币找零。自动售票机具有识别硬币和纸币真伪的功能，如果持假币购票，一经发现将会被管理人员移交公安部门依法处理。乘客购票完毕后，按照车站引导标识前往相应入口闸机前排队刷卡，刷卡时应右手持卡，一人一卡，顺序进站。到达目的地车站后，用同一张卡通过闸机刷卡出站。车站管理部门应当引导乘客树立文明乘车，有序进站，积极配合，安全出行的意识。

(2) 注意事项。1) 按要求规范刷卡。持单程票卡需进站时刷票，出站时插入。持一卡通时，进出站均为刷卡。刷卡时将卡贴触设备的刷卡区，听到刷卡成功的提示音后，等待阐门打开迅速通过。2) 保持有序刷卡。乘客应遵守公共秩序，排队有序通过检票口，人流高峰期尤其要自觉均衡各闸口人员数量，保证有序进站。3) 通常各站均有多台售检票的设备，如果发现有售票、检票设备发生故障，应选择其他相邻设备。4) 出入站实行一人一卡，当次使用，为了保证交易的完整，出入站均需刷卡，而且不能多人混用同一张卡。5) 如果在轨道出行过程中遇到问题和困难，应及时向车站工作人员求助。

B 票卡

轨道交通使用的票卡，通常为磁卡和非接触式 IC 卡两种制式。多程票、单程票和纪念票通常使用磁卡；储值票和员工票通常使用非接触式 IC 卡。非接触式 IC 卡在新建的轨道交通线路中使用范围更广。目前大多数轨道交通中的单程票采用的是薄型卡，因为这种卡的制作成本较低，可以解决卡价大于票价的倒挂问题。

除了磁卡和非接触式 IC 卡以外，单程票还可采用筹码，筹码的优点是成本相对较低。因为一个筹码平均可使用 1000 次左右，而且可以直接在检票机上进行分检，实现站内的循环使用。缺点是筹码不便于印刷和承载商业广告，不利于运营单位提高附加收入。目前国内采取筹码型单程票的主要有南京地铁、武汉轻轨、广州地铁和天津地铁一号线等。

C　AFC 系统的优势

（1）方便乘客（使用一卡通来避免每次购票的麻烦）。

（2）有效地减少乃至消除员工舞弊、欺诈行为（可以随时进行查账；使用最新的可靠的安全密码技术）。

（3）提供灵活的票价政策（只需修改相应的参数表即可实施不同的票价方案）。

（4）为城市各个公交运营单位之间的票务清算提供准确依据。

（5）为城市公共交通规划提供准确的、客观的客流和票务统计依据（可以依据每条交易的明细记录，为客流统计、预测提供客观依据）。

另外，为了吸引客流，AFC 系统还可以对各类车票在收费上灵活地设置不同的优惠制度。例如，不同时间段优惠、不同日期优惠、不同乘降站点优惠、累计乘车积分优惠等，无须印制单独的票据和增加额外的人力监管，全部可以通过系统设置完成。

4.3.4.4　车票与票款流程

A　车票流程

轨道交通专用车票的制作流程是：车票在制票中心经过编码、赋值后，配送到相关的车站，车站通过自动或半自动售票机发售给乘客。乘客进站时，检票机对持有效卡的乘客给予顺利通过，并且将进站情况和相关数据记录进自动程序，当乘客出站时再次刷卡交付乘车的费用。收取乘车费用的方式是：单程票给予回收，储存票进行扣款。如果出现超程乘车、超时用卡或读卡有误等问题，检票机会出现禁止乘客通过或者拒收车票的情况，这时候乘客应当前往补票处补足票额或者向车站管理人员求助。车票的回收使用流程分为两种情况：（1）储值票将送回制卡中心，进行重新编码等处理，然后再配送回车站发售；（2）单程票由检票机自动回收，在车站内继续循环出售、使用。

B 票款流程

轨道交通票款的主要来源是车票发售所获收入。目前大多是通过自动和半自动售票机所售车票收入。另外还包括一部分乘客交付的其他有关票务的费用。车站有专人负责按时收取票款，清点核对电子系统清单与实际票款数额是否相符，核对无误后，前往银行缴存票款，取得银行解款回单后交与车站，车站统一将解款回单和票款现金报表一并报送相关票务管理部门。票务管理部门汇总后交给财务部门入账。

4.3.5 城市轨道交通安全管理

城市轨道交通工具已经逐渐成为居民出行的首选。轨道交通在大城市，特别是一线特大城市的交通体系中，越来越彰显出其至关重要的作用。而轨道交通运营是一项极为复杂的系统工程，运营安全保障工作涉及轨道、车辆、机电、信号、运输组织等多个系统，且客流集中、空间有限、封闭运行、通道狭窄，任何一个环节稍有疏忽，就有可能造成重大事故。因此，在国内外城市轨道交通运营中，如何避免运营事故发生，并在运营事故发生后最大限度地减少人员伤亡，始终是城市政府及管理部门和轨道交通运营单位的首要任务。

4.3.5.1 城市轨道交通运行安全

A 运行安全的内涵与分类

轨道交通运行安全是指轨道交通在运送乘客的过程中，涉及行车、乘客安全的各项生产活动安全。它与运行的关系是密不可分、相互促进、相互制约的。

无论是人的行为或轨道交通的各种设备，危及电动列车、施工列车在正线上正常运行所发生的事件；站段内所有与行车、调车作业有关的涉及人和设备安全的各事件；列车运行过程中，危及乘客的安全事件等都属于运行安全。运行安全总体上可分为行车安全和客运安全两类。

(1) 行车安全。和行车安全相对应的是行车事故。行车事故是指列车在规定的运营时间内以及运营线路上，因工作人员操作失误导致出现差错，或者因列车出现机械故障以及外部因素引发的，造成人员伤亡、设备损坏或者使列车运行出现重大问题的事故。

(2) 客运安全。凡在车站的站厅（付费区内）、站台上、电动列车车厢内发生的危及乘客人身安全的事件，均属于客运安全。

B 运行安全对策

城市轨道交通的安全生产对于整个轨道交通的健康快速发展有着至关重要的

作用，切实加强安全生产应该从以下几方面入手。

（1）健全安全法制。当今我们生活在一个法制的社会，运输安全，包括轨道交通的运输安全，同样需要被纳入法律的范畴，开展规范化管理。在健全安全法制方面需要做到：1）一方面要坚持有法可依，相关部门要及时制定或修订运输安全方面的法律、法规，使得交通运输安全管理有法可依；2）要做到有法必依，执法必严，违法必究；3）要多方联动，不断提高公民的法制观念和法律意识，培养文明、有序的出行意识。

（2）健全安全管理制度，轨道交通安全不仅要有法律作为保障，更重要的是应从源头上减少安全事故的发生。这就要求相关管理部门要在持续完善安全管理制度的基础上，努力提高科学管理水平，认真研究轨道交通运营中存在的问题和隐患，通过先进的设施设备、技术手段，最大程度地限制和减少安全事故的发生，使整体运营，包括设备、人员都处于最佳的状态，从源头上将事故发生率降到最低。

（3）提高关键设备（特别是行车指挥系统）的可靠性和先进性，为行车安全提供保障。在轨道交通管理中，安全保障是重中之重，因安全保障不到位而发生事故的可能性是很大的。举例来讲，轨道养护失误或者列车断轴会造成脱轨事故，接触网参数出现错误，或者受电弓参数不匹配等情况会引发弓网事故等等。管理部门要随时做好相关预案，保证一旦有事故发生，能令系统及时做出反应，引导工作人员在第一时间采取措施进行修复和弥补，防止出现更大的涉及安全的列车事故。

（4）加强安全运行的组织管理，不断提高行车组织工作水平。具有高科技含量的设施设备为轨道交通的调度指挥系统提供了硬件方面的支持，也大大方便了列车调度人员的工作。让调度人员能够从重复、机械性的工作中解脱出来，完成更具技术含量的工作。现代化的调度系统还可以为调度员提供科学的调度决策，实现全网列车的安全有序运行。这包括：1）对列车行进速度进行有效控制。保证列车在正常行驶的状态下，进站的状态下，过境施工路段时，轨道上出现障碍物时以及发生自然灾害时均能按规定和临时指令保持要求的时速或者停车；2）保证列车按照标准化的程序执行接发车程序。通常整个城市的轨道交通工具或者同一线路沿线各站的接发车作业标准应当统一。这对提高运输质量、保证行车安全具有重要意义；3）合理的运行图是安全运行的基础。运行图的编制必须符合《技术管理规程》和《行车组织细则》的有关规定，特别是必须严格遵守有关时间间隔标准和行车作业程序。

（5）提高工作人员的素质和责任心。工作人员的素质和责任心对于保证列车的安全运行至关重要。并不是有了高科技的设备和先进的操作系统就能完全避免列车的安全事故，这其中，人的因素同样关键。所以，对工作人员的安全责任教育，工作责任心教育，相关技术和操作技能的训练同样必不可少，必须将人这一关键环节纳入到轨道交通安全保障体系中来。

与此同时，一旦事故发生，事后的调查、取证、原因分析、措施改进也必不可少，这些工作也是轨道交通安全管理的重要组成部分，其意义不仅是查明事故责任，进行事故善后，更重要的在于分析和查找轨道交通运营各环节存在的安全隐患，有针对性的改进弥补，防止事故再次发生。

C 轨道交通系统防灾

轨道交通设施和我们生活中其他基础设施一样，都会随时受到自然条件的影响和破坏，包括台风、地震、洪水、泥石流等等，一旦发生自然灾害，轨道交通的基础设施，包括地面轨道，地下轨道，高架桥、沿途传输线路等等都会受到威胁。为了最大限度地减少灾害带来的损失，应该对此引起高度重视，提早做好交通系统的灾害预防工作。

a 防灾原则

城市轨道交通管理中防灾的原则按灾害级别分为三个层次：（1）当遭遇一般的自然灾害时，能够正常抵御，保证运输组织不被破坏；（2）当遭遇中等的自然灾害时，不需修复或进行简单修理即能投入正常运行；（3）当遭遇重大自然灾害时，能够在较短的时间内做出应急反应，排除险情并投入正常运行。

轨道交通的防灾可以根据不同灾害级别和情况对其的影响，分成两种防灾形式，即综合防灾和重点防灾，综合防灾旨在预防和抵御多种自然灾害的影响；重点防灾旨在预防和抵御重点灾害的影响。通常列车要预防火灾、风力灾害；隧道主要预防的是火灾、洪灾、地震等；站台主要预防的是风力灾害、火灾、地震；高架桥主要预防的是风力灾害、地震等。

b 防灾对策

针对不同形式的自然灾害，应采取不同的预防和应急对策如下：（1）轨道交通系统的基础设施在设计和施工中，就应该充分考虑当地的自然条件和可能发生的重要自然灾害，采取相应的技术处理措施，如选用较大的保险系数、提高设施等级或选用适宜的结构体系等。（2）在容易遭受灾害的地方，设置先进的自动报警装置，包括监督装置、报警装置，并应配备专职人员监控，实现预防、监督、报警、善后处理系统化及自动化。例如，南京地铁一号线，在地铁车站及站线都安装有许多安全设备设施，如烟感器、温感器、消防箱、事故风机、事故照明、事故电话等专用设备，以及电视监控器、自动扶梯、楼梯、出入通道、防灾管理中心集中监视报警装置等。前一部分属专用；后一部分为平时运营服务所用，在灾害事故时为防灾抢险所用。在控制方式上基本以车站为基本单元，设有车站控制室，作为上述设备的监控、记录和操作室，且全线设有环控调度系统，处理日常和紧急情况下的事件，一些涉及全线或重大设备的运转由环调直接控制指挥。(3) 对工作加强应急培训，在紧急情况下不致发生混乱，并采取适当的方法使损失降至最低。

4.3.5.2 城市轨道交通应急管理

A 应急预案的内涵

应急预案是指针对有可能发生的一些突发事件或灾害，提前就相应的指挥、应急、救援、善后等工作做出的计划。它针对的是一些具体的环境、设施、设备。旨在当灾害发生时，能够及时、有序、有效地开展救灾，将灾害带来的人身、财产损失降到最低。

公共交通安全与应急预案一般包括管理类应急预案和处置类预案。前者适用于政府行政管理部门，后者适用于公共交通运营企业。

应急预案在面对突发事件，如自然灾害、重特大事故、环境公害及人为破坏时，可以有效进行应急管理、指挥、救援计划等。应急预案有几大重要子系统：完善的应急组织管理指挥系统；强有力的应急工程救援保障体系；综合协调、应对自如的相互支持系统；充分备灾的保障供应体系；体现综合救援的应急队伍等。

B 轨道交通应急预案编制

a 突发事件的内涵

轨道交通运营突发事件是指在轨道交通运营线路上，因自然灾害、人为因素或设施故障造成轨道交通运营中断、人员伤亡、乘客被困等危及公共安全的突发事件。

依据轨道交通运营突发事件可能造成的危害程度、波及范围、影响力大小、人员伤亡及财产损失等情况，由高到低划分为特别重大（Ⅰ级)、重大（Ⅱ级)、较大（Ⅲ级)、一般（Ⅳ级）4 个级别。对可能发生和可以预警的突发事件应当进行预警。预警级别依据轨道交通运营突发事件的危害程度、发展情况和紧迫性等因素，轨道交通运营突发事件的预警由高到低分为 4 个级别如下：(1) 红色预警：预计将要发生特别重大（Ⅰ级）以上轨道交通运营突发事件，事件会随时发生，事态正在不断蔓延；(2) 橙色预警：预计将要发生重大（Ⅱ级）以上轨道交通运营突发事件，事件即将发生，事态正在逐步扩大；(3) 黄色预警：预计将要发生较大（Ⅲ级）以上轨道交通运营突发事件，事件已经临近，事态有扩大的趋势；(4) 蓝色预警：预计将要发生一般（Ⅳ级）以上轨道交通运营突发事件，事件即将临近，事态可能会扩大。

b 预案编制的目的

安排好城市轨道交通事故灾难的预防和保障事宜，做到紧张、迅速、秩序、稳妥的处理好城市轨道交通事故灾难，尽可能的保证好人民的生命和财产安全，以稳定为大局，为社会和谐稳定发展做好充足的后勤保障。

c 预案的内容

一般包括总则（预案编制的目的、编制依据、预案组成、事件等级、适用范围等）、组织机构与职责、预警预防机制（预警级别、预警发布和解除、预警响应等）、应急响应（分级响应、处置程序、应急结束等）、信息管理（信息报告程序、内容、信息发布和新闻报道）、后期处置（恢复重建、事故调查、善后处置、总结和调查评估等）、应急保障（技术通信保障、救援和装备保障、队伍保障、物资保障、资金保障等）。例如，《广东省处置城市地铁事故灾难应急预案》的内容包括总则、分级标准、组织机构与职责、预警预防机制、应急响应、后期处置、保障措施等部分。

d 应急管理的规定

按《城市轨道交通运营管理办法》（国家建设部第140号令2005年6月28日）规定：城市人民政府城市轨道交通主管部门应当会同有关部门制定处理突发事件的应急预案；城市轨道交通运营单位应当根据实际运营情况制定地震、火灾、浸水、停电、反恐、防爆等分专题的应急预案，建立应急救援组织，配备救援器材设备，并定期组织演练。

（1）突发坍塌、爆炸等其他紧急情况时，城市轨道交通的主管部门及其相关人员要迅速启动应急预案和抢救程序，并马上向上级部门汇报，安排好人员撤离事项。

（2）城市轨道交通设施正常行驶时如遇雷暴、沙暴、暴雨、大雾等严重妨碍车辆安全运行的极端天气时，城市轨道交通运营单位要立马开启紧急方案，并按流程规范做好相关安全保障。

（3）如有因旅客急剧增长且已妨碍了安全营运的状况时，城市轨道交通运营单位要马上采取限制和分流等紧急措施，保证好车辆正常安全运行。

（4）遭受到自然灾难、恶劣气候或其他突发事件，已经阻碍了车辆正常运行的情况，且已没法保证车辆安全运行时，运营单位必须马上对相关线路或者涉及路段进行临时管制，并马上向旅客公布实时信息，迅速向本级人民政府轨道交通主管部门报告。

（5）当城市轨道交通车辆在运行中突发安全事故，本级人民政府轨道交通管理部门、轨道交通运营单位要马上启动应急预案，并对事故车辆马上进行处理。

（6）城市轨道交通运营突发人员伤亡事故时，要根据“先抢救受伤者，及时排除故障，恢复正常运行，后处理事故”的基本要求进行处置，并按程序和相关规定迅速向相关机构报告，城市轨道交通主管机构和运营单位要积极协助公安部门保护好事故现场，配合好公安人员对事故现场进行勘验，并做好善后事宜。

e 应急情况报告

事故的报警是非常重要的，早期预警可以使事故救援工作开始于事故初发期，可以及时控制事故，防止事故蔓延和扩大。应急情况报告的基本原则是快捷、准确、首报、续报。其中，首报是指发生特别重大事故灾难时，要直接上报领导小组办公室，同时报省、市地铁事故灾难应急机构；续报是指在事故灾难发生一段时间内，要连续上报事故灾难应急处置的进展情况及有关内容。

特别重大事故灾难首报及续报应当包括以下内容：（1）首报内容——事件发生时间、地点、伤亡人数；事件初步性质、发生的可能原因等；（2）续报内容——事件发展趋势、人员治疗与伤情变化情况、事故原因、已经或准备采取的处置措施；（3）总报内容——事件处理结果、整改情况、责任追究情况等。

C 轨道交通应急预案处置

城市轨道交通应急预案是针对城市轨道交通突发事件事前制定的应急管理、指挥、救援计划等方案。当突发事件出现时，信息的及时传递对于及时启动预案、减少事故损失、及早恢复正常运营是十分重要的，因此，必须制定信息传递制度。

a 信息分类与传递

信息传递应遵循“迅速准确，有序高效，对口汇报”的原则；现场处置应遵循“职责明确，快速到位，控制有效”的原则为：（1）信息分类。城市轨道交通突发事故或事件的信息按事件的性质和严重程度分为 A、B、C 三类。其中 A 类事件最为严重，事件的严重程度按 A、B、C 次序递降；（2）信息传递。信息传递坚持“电话汇报为主，短信群发为辅”的报告原则；（3）应急报告程序。对任何事故、事件的整体应急报告程序与预案实施的报告程序基本相同，即发现事故或征兆需要进入应急报告程序时，一般都应按下列规定程序进行：报警；发出救援指令；开始救援行动；现场处置；结束紧急状态。

b 应急预案启动程序

轨道交通应急预案启动流程分为：（1）启动预案。轨道交通事故发生后，指挥中心迅速了解掌握事故发生的时间、地点、人数、起因等情况，进一步判明性质，在报告轨道交通公安部门的同时，迅速启动有关预案，公安部门应及时调派相关人员快速赶往现场，开展先期处置，各部门迅速启动各自的预案开展工作。（2）封锁现场救治。在现场情况进一步明确的基础上，指挥中心通过指挥调度系统，继续调集相应处置力量赴指定位置集结待命。前期到达现场参与处置力量，根据指挥部分工，进行处置工作。（3）疏散人群。相关应急管理人员到达现场后，视情况采取相应措施。有人员伤亡的，组织进行抢救，同时及时疏导和组织受到威胁的群众安全撤离，并及时将情况报告总指挥部。（4）抢救伤员。

根据现场情况，组织到达现场警力和110联动单位，紧张有序地营救被困、遇险的伤亡人员。同时协调卫生等相关部门，保证抢救渠道畅通，并及时统计伤亡人数，上报总指挥部。（5）勘查现场。组织相关工作人员对现场进行全面、细致的勘查，寻找目击证人，查明事故原因。（6）恢复秩序。在抢救伤员、排除险情、勘查现场等各项工作结束后，立即安排施救单位迅速撤离现场，尽最大努力，尽快恢复运营秩序，各项处置工作结束后，各参与单位及时总结处置工作情况，报应急指挥办公室。

c 应急保障

城市轨道交通应急保障分别是：（1）抢险队伍保障。抢险人员分别由公安、消防、医疗卫生、承建单位等人员组成，再包含环保、交通、轨道救援等专业救助人员，且把人民解放军等纳入到后备力量。（2）医疗卫生保障。医疗机构主要是保障好轨道交通建设突发事故的人员救助工作，医疗救护人员在事故发生后要迅速到位，尽可能的保证好人民的生命安全，减少人员伤亡，并对照各自专业，进行医疗救助，并保证好一应医疗设备及药品。（3）物资保障。轨道交通公司应该常备应急救援物资，时刻保证救援物资的充足与安全，以备不时之需，并定期对相关人员进行教育和培训。加强对车辆、警械、防毒及防爆、灭火、起吊等设备、器材的保管和维护，满足处置时的需要。（4）技术保障。轨道交通公司要加大对先进救灾技术、装备的应用和推广工作，会同有关单位和专家加强对先进救灾技术和装备的研究，努力满足应急处置的需要。（5）交通运输保障。突发事故发生后，各有关部门相互配合，按照自身职责保障好交通运输的应急处理事项，迅速封锁事故现场并对有关通道实施临时管制，并及时疏理交通，确保医疗队和救援人员及物资第一时间运抵事故地点，若道路出现损坏、拥堵等多种情况，交通部门必须立马赶赴现场，进行道路维修。（6）电力保障。所有的救援都离不开电力的保证，所以发生事故时，要首先保证电力的正常供应。（7）公共设施保障。我们都知道在事故现场若出现电路故障、煤气泄漏、通信中断等情况不仅会让救援变得异常困难，甚至还可能造成二次伤害，所以有关部门一定得及时进行处理。（8）资金保障。轨道交通公司每年将突发事故应急经费纳入预算，用于救灾队伍和装备的管理、维护保养、器材更新及定期演练的费用支出，做到专款专用。抢险过程中，应急救援资金首先由事故处置或发生单位承担，确保现场应急救援资金及时到位，处置完毕后统一结算。

d 后期处置

事故发生后该如何进行处理：（1）善后处置。针对这一情况我国制定了相关的法律法规，事故发生后，有关部门必须立马赶往事故现场，维护好现场秩序，降低事故伤害，若有伤亡情况，要立马进行医疗诊治，及时进行补偿。（2）保险理赔。一旦发生了事故，相关保险公司要立马展开工作，办理理赔的相关工作要给受灾人员和受灾部门开绿灯。（3）事故调查。根据事故的严重情况，政府都会组成不同级别的事故调查小组，对事故发生的起因、经过及应对措施进行调查，尽可能还原真相，给人民一个满意的答复。

e 总结评价

紧急情况处置好后，相关部门要将轨道交通公司对整个事件所做出的相关安排的记录以及其他影像等资料进行整合归档；要严肃调查事故发生的经过，从中汲取经验总结教训，客观看待紧急情况时所做的是否及时有效，并对照事故的原因及应对措施，整理完善好相关应急方案，并报上级部门进行备案。

书面总结报告应包括以下内容：发生事故的基本情况，事故原因、过程及造成的后果（包括人员伤亡、经济损失、环境污染），分析评价采取的主要应急响应措施及其有效性，主要经验教训和对事故责任人的处理结果等。

f 宣传、培训与演练

为了普及突发事故应急的相关知识，轨道公司可以让从业人员在入职前进行安全教育，参加突发事故的各种培训，甚至进行实地演练。还可以采取贴标语、播放安全视频、现场讲座、安全知识竞赛等多种方法宣传相关安全常识；培训，积极组织开展对事故现场指挥人员及队伍的指挥和技能培训，增强各相关单位的人员应对轨道交通建设、运营突发事故的知识，提高应急救援能力；演练，应定期组织对轨道交通突发事故应急处置综合或专项演练工作，加强跨部门之间的协调配合，确保各种紧急状态下的有效沟通和统一指挥，从实战角度出发，普及防灾减灾知识和技能，切实提高应急救援能力。

5 现代城市交通智能化管理模式的构建

5.1 城市交通智能化管理系统

5.1.1 城市交通智能化管理的内涵

“要想富、先修路”。人民在很早以前就明白了，要想城市得以发展，必须要有发达的交通系统，发达的交通是经济发展的基础。

城市交通系统是由道路系统、流量系统和管理系统组成的一个综合体。城市道路系统包括各种城市道路、交叉路口、城市轨道等各种道路路面；流量系统包括行驶在道路上的各种车辆和行人，是一定时间内通过道路上某一位置的标准车辆数（passenger unit car，PUC）；管理系统包括各种交通管理设施、各种交通语言以及交通管理过程中的信息数据等，还包括管理城市交通网络和交通流量的各种规章制度。

道路系统、流量系统和管理系统作为城市交通系统的三个子系统相互作用、相互影响。良好的道路系统和管理系统会使得车辆和行人流动迅速，促进城市经济和文化的发展；流动通畅的交通流又反过来促进城市道路的规划与扩建，同时促进城市交通管理效率的提高，以更好地服务于城市交通流。因此，构成城市交通系统的三个系统是协同发展、互为促进的。

假设把城市交通的道路系统当作城市交通的供应商，流量系统为使用方，那么怎么去协调好两者之间的关系，找到他们的共通点是很有必要的。城市交通系统的计划和运行阶段中，目的是找到交通系统的软件系统和硬件系统之间的联系。

城市交通智能化管理就是城市交通管理部门运用智能交通系统，在城市交通管理范围内，建立交通管理中枢指挥下的、由各类管理设施联网组成的、高度自动化的管理体系来协调管理城市交通，使城市交通运输时刻处于良好的运行状态的一种系统管理方法。城市交通智能化管理主体是城市交通管理部门，管理客体是城市交通系统，管理手段是借助智能交通系统，管理目标是使得城市交通系统安全、顺畅、可持续发展。

5.1.2 城市智能交通系统

智能交通系统是智能车辆道路系统演变形成的。智能交通系统是把数据通信技术、电子控制技术以及计算机技术等技术融合到一起，并运用到整个交通运输管理体系中去，它是一种覆盖范围广、现实作用大，快速、精准、便捷的综合运输和管理系统。

城市智能交通系统主要使用于机场、车站客流疏导系统、城市交通智能调度系统、运营车辆调度管理系统、高速公路智能调度系统、机动车自动控制系统等。它的出现缓解交通敏感点的拥堵问题，提高城市路网通过能力，减少城市交通事故的发生概率，有效的缓解了城市能源的消耗，控制了城市环境的污染程度。

城市智能交通系统由以下三个子系统组成。

(1) 城市交通信息采集子系统：主要包括人工输入、GPS 车载导航仪器、GPS 导航手机、车辆通行电子信息卡、CCTV 摄像机、红外雷达检测器、线圈检测器、光学检测仪。

(2) 城市交通信息处理分析子系统：主要包括信息服务器、专家系统、GIS 应用系统、人工决策。

(3) 城市交通信息发布子系统：主要包括互联网、手机、车载终端、广播、路侧广播、电子情报板、电话服务台。

5.1.3 城市智能交通系统的技术基础

城市智能交通系统的技术主要包括城市交通信息采集技术、城市交通信息传输技术、城市交通信息处理技术、城市交通信息发布与显示技术。

5.1.3.1 城市交通信息采集技术

交通信息是城市交通规划和交通管理的重要基础信息，通过全面、丰富、实时的交通信息，不但可以把握城市道路交通的当前状况，而且可以对其发展进行预测，为城市交通规划和交通管理部门的正确决策提供科学依据。智能交通信息采集技术主要指对动态交通信息的采集技术。目前，交通信息采集技术主要分为以下几类。

A 感应线圈检测技术

感应线圈检测技术是指由感应线圈作为检测器的一套能检测到车辆通过或存在于检测区域的技术，主要应用于交通量信息的检测。它具有性能稳定可靠、灵敏度高、数据准确、对周围环境条件要求低等优点，而且具有较强的发展空间。

B 微波检测采集技术

目前比较常用的微波检测装置有微波交通检测器和雷达测速仪。

微波交通检测器（remote traffic microwave sensor，RTMS）利用雷达线性调频技术原理，通过向行驶的车辆发射调频微波，波束被行驶的车辆阻挡而发生反射，反射波通过多普勒效应使频率发生偏移，根据这个频率的偏移可检测出有车辆通过，经过接收、处理、鉴频放大后输出一个检测信号，从而达到检测道路交通信息的目的。

雷达测速仪同样是根据多普勒效应原理对行驶中的车辆进行测速的装置。它所应用的测速原理，是把雷达波发射到一个移动的物体上，根据反射回来的与目标速度成比例的雷达信号，由测速仪内部的线圈将该信号进行处理后，得到一个频率的变化，通过数字信号处理（DsP）技术处理后，便得到目标的速度。

C 视频采集技术

视频采集技术是一种基于视频图像处理的交通信息检测技术。其具备图像监控和交通数据采集双重功能，实际应用中具有较高的灵活性。目前，国外较成熟的产品有美国 ISS 公司的 Autoscope 系列产品、美国 ITERIS 公司的 Iteris 系列产品、英国 Peek 公司的 Peek 系统等。国内较成熟的产品，如川大智胜公司的基于 PC 平台实现的视频采集系统、清华 VISATARAM 系统和哈工大的 VTD3000 视频交通动态信息采集及事件分析仪等。

D 车辆自动定位技术

车辆自动定位技术是一种基于 GPS 的交通信息采集技术，主要通过装载有 GPS 的浮动车（floating vehicles，FV）来获取道路交通信息，具有应用方便、经济、覆盖范围广等特点。浮动车自由行驶在实际道路中，借助安装在车辆内的 GPS 接收机，对车辆的速度、行驶方向和位置等交通信息进行采集，并把采集到的数据通过无线通信传到数据处理中心。

E 其他先进的信息采集技术

其他先进的信息采集技术有蓝牙技术、手机定位技术、遥感技术、射频识别技术等。其中蓝牙技术是一种解决各种移动设备接入的短程无线通信技术，在智能交通系统中具有很好的应用前景。手机定位技术是通过特定的定位技术来获取移动手机或终端用户的位置信息，通过短信、多媒体、语音发给用户或以此为基础提供某种增值服务，在电子地图上标出被定位对象的位置的技术或服务。遥感技术（remote sensing，RS）作为一种高效能的信息采集技术，可以不通过直接接触目标物而获得其信息。

5.1.3.2 城市交通信息通信方式

在城市交通信息管理与服务系统中，城市交通信息传输具有重要作用。智能交通系统中常用的通信方式主要包括车车通信、车路通信和车（路）与指挥中心通信3类。

A 车车通信

车车通信主要是利用车辆所安装的车载无线信息收发设备实现车车之间的信息交互，使行驶中的车辆相互感知，以保证其在各种行驶条件下的安全和高效。车车通信一般采用专用短程通信，常用的车车通信技术包括蓝牙技术和无线通信技术等。

B 车路通信

车路通信主要是利用车辆所装的无线通信设备与路边交通基础设施之间进行信息的交互，使经过基础设施的车辆实时获取所在局部路网的路况信息、服务信息等，实现车辆安全、顺畅行驶。常用的车路间通信技术包括 RFID（射频识别）、红外、微波等。

C 车（路）与指挥中心通信

车（路）与指挥中心通信主要是指交通控制中心与车辆（道路）间的通信，一般可采用下列方式实现：（1）有效地利用蜂窝网无线电话，实现行驶车辆与交通控制管理中心的通信；（2）使用调频（FM）广播，发送有关道路交通信息，如交通阻塞信息、突发事故信息等；（3）以红外线为媒体，进行双向通信，车辆可以向交通控制中心发送的交通信息包括行程时间、排队时间、OD 信息等。车辆装有车内导航装置、红外接发器、车辆定位装置和显示器等，除获取实时信息外，还可计算最佳路径。

5.1.3.3 城市交通信息处理技术

城市交通信息处理主要是管理交通信息的流通，将其存储为有用的形式，然后由最终用户以实时或存档的形式利用。城市交通信息处理技术包括数据质量控制技术、数据集成与融合技术、数据存储技术和数据挖掘技术等。

A 数据质量控制技术

当采集后的数据进入到交通指挥中心后，中心会对数据进行各种处理，在对数据处理时需进行数据质量控制。数据质量控制，是一种采用一定的措施，使数据在采集、存储、传输中满足相关的质量要求的过程。数据质量控制技术主要包括错误数据的判别和修正、丢失数据的识别与补齐、不准确数据的识别与修正。

B 数据集成与融合技术

为运用有效方法合理协调智能交通系统中的多源数据，充分利用有用信息，并提高在复杂环境中正确决策的能力，需对数据进行集成和融合。

(1) 数据集成技术。数据集成是指将不同来源、格式、特点性质的数据有机地集中，从而有效利用。近年来，交通研究人员开发了两类方法用于指导数据集成，分别是数理统计方法和小波分析方法。其中，数理统计方法是基于数据序列变化率的分析。这种方法运用过程直观，且方便使用；然而，它计算得到的集成数据序列包括了许多无用信息，导致交通工作者也分辨不出集成后的序列包含了什么信息，遗失了什么信息。小波分析（wavelet analysis，WA）方法是 20 世纪 80 年代中期发展起来的一门数学理论和方法，随后迅速发展。小波分析是一种新的变换分析方法，它基本思想类似于 Fourier 变换，是用信号在一簇基函数形成空间上的投影表征该信号。与 Fourier 变换相比，小波分析在时域和频域同时具有良好的局部化性能，有一个灵活可变的时间—频率窗，能更有效地从信号中提取信息，并通过伸缩和平移等运算功能对函数或信号进行多尺度细化分析，特别适用于非稳定信号的处理和提取。

(2) 数据融合技术。数据融合是指将多源信息通过一定的方法或准则结合起来得到更理想结果的过程。数据融合技术作为一种数据处理技术，涉及许多学科和技术的应用。若从广义的数据融合的定义出发，其中包括通信、模式识别、决策论、不确定性理论、信号处理、估计理论、最优化技术、计算机科学、人工智能和神经网络等。

C 数据存储技术

数据存储是数据流在加工过程中产生的临时文件或加工过程中需要查找的信息数据以某种格式记录在计算机内部或外部存储介质上。目前常见的数据存储技术为网络数据存储技术，即将网络技术与存储 I/O 技术进行集成，利用网络的可寻址能力、即插即用和连接性、灵活性，提供基于网络的数据存取与共享服务。常用的网络数据存储技术有网络连接存储（NAS）和存储局域网（SAN）两种主流方式。

D 数据挖掘技术

数据挖掘技术作为一种产生于应用且面向应用的数据分析处理技术，可以快速、有效、深入地分析海量交通信息，挖掘大量交通数据中隐含的交通模式。数据挖掘技术可用于挖掘交通系统的各种实时交通模型和综合交通模型，用来进行交通的管理和控制，改善智能交通系统的服务水平。常用的数据挖掘技术有人工神经网络技术、决策树技术、遗传算法技术、最近邻技术、规则归纳技术、可视化技术等。

5.1.3.4 城市交通信息发布与显示技术

常见的城市交通信息发布与显示技术有互联网技术、调频（FM）广播、地理信息系统和终端显示技术等。

A 互联网技术

万维网（WWW）是一个由许多互相链接的超文本组成的系统，是 Internet 上最方便与最受用户欢迎的信息服务类型。运用网络向公众提供信息服务，已成为交通信息发布的最新发展形式，可极大地提高交通系统的管理能力和服务水平。同时，网络发布具有信息量大、直观灵活、互动性强等优点。北京市公安局公安交通管理局网是一个综合的交通信息发布及交通事务办理网站。

B 调频（FM）广播

调频（FM）是一种以载波的瞬时频率变化来表示信息的调制方式。FM 在城市智能交通系统中的应用，即交通广播。驾驶人可在车内利用收音机接收广播信息，这比用视觉从各种信息板上得到信息更加方便。为了充分利用现有的广播资源，可以不重新建立专用的交通广播电台，而是利用现有的调频电台的副载波将交通信息调制后和电台节目一起发射出去。

C 地理信息系统

地理信息系统（geographical information system，GIS）是以空间地理数据库为基础，以计算机软硬件为支撑，对空间相关数据进行采集、管理、操作、分析、模拟和显示，并采用地理模型分析方法，适时提供多种空间和动态的地理信息，为地理研究和决策服务而建立起来的计算机技术系统。

交通地理信息系统（geographic information system for transportation，GIS-T），是收集、存储、管理、综合分析和处理空间信息与交通信息的计算机软硬件系统。它是 GIS 技术在交通领域的延伸，是 GIS 与多种交通信息分析和处理技术的集成。GIS-T 具有强大的信息服务和管理功能，被广泛应用到交通规划、交通运输管理和工程设计施工等相关部门。

D　终端显示技术

交通信息终端显示的方式很多，以可变情报板（VMS）、信息亭、车载终端、掌上电脑（personal digital assistant，PDA）和个人电脑等渠道作为交通信息发布方式，逐渐得以应用。

5.1.4　城市智能交通系统的功能系统

城市智能交通系统的主要功能系统有交通信息管理系统、交通管理系统、紧急救援管理系统、收费管理系统、公共交通管理系统、客货运管理系统、交通信息服务系统、安全驾驶支持系统等。

5.1.4.1　交通信息管理系统

交通信息管理系统可分为公共交通信息管理系统及交通数据管理系统。

A　公共交通信息管理系统

公共交通信息管理系统是运营调度和乘客出行服务的基础，为提升公共交通管理水平和出行服务质量提供支持。当前，公交信息化已经成为发展趋势。而城市公交信息管理系统是对各种公交信息（包括常规公交、地铁、轻轨、BRT（快速公交）等进行采集、存储、管理、分析、展示、应用和决策等操作，能够提供公交信息查询，对公交线网进行优化，对公交资源进行组合和优化配置，对公交业务信息进行综合管理的应用软件系统。该系统一般以 GIS 为基础平台。

B　交通数据管理系统

交通数据（ITS 数据）是以道路网为骨架的地理框架信息，叠加上社会经济信息（如商业服务单位、设施等）及交通信息，包括静态交通信息（如道路条件、交通规则）及动态交通信息（如实时路况信息）。ITS 数据库是一个综合的数据集，其包含的信息量巨大。

5.1.4.2　交通管理系统

先进的交通管理系统（advanced traffic management system，ATMS）是 ITS 的重要子系统之一。该系统主要包括交通信号控制系统、交通需求管理系统、交通事件管理系统、高速公路交通监控系统、电子警务与办公自动化系统、停车场管理系统、多模式交通衔接系统、道路基础设施管理系统。

A　交通信号控制系统

城市交通控制系统主要有 SCOOT、SCATS、TRANSYT 等，此外也出现了一些基于人工智能技术应用的系统。

B 交通需求管理系统

交通需求管理（transportation demand management，TDM），是指通过交通政策等的导向作用，促进交通参与者的交通选择行动的变更，以减少机动车出行量，减轻或消除交通拥挤。TDM 是一种主动式管理，它在适度的运输供给规模下，控制运输需求总量，削减不合理的运输需求，分散和调整运输需求，使整个运输系统供需平衡，保证系统有效运行，使铁路、公路等运输方式的客、货交通迅速、安全，节约资源，改善环境。TDM 典型策略有合乘管理策略（high occupancy vehicles，HOV）、车道策略（high occupancy toll，HOT）、可变收费策略、实时路径诱导策略，机动性管理、响应需求的公共交通策略，购车指标限制策略等。

C 交通事件管理系统

交通事件管理系统（traffic incidents management system，TIMS）是智能交通系统的子系统。TIMS 可以改善道路的安全性，提高相关管理机构的运行效率，有效地利用现有的人力和物力，扩大信息的发布范围，减少延误，减少事故反应时间，加快处理事件的速度和清理道路的速度，降低对环境的影响和运行成本，以及改善事件当事人、事件处理人员和其他道路使用者的安全程度。交通事件管理系统包括事件检测子系统、事件分析子系统、对策决策子系统、救援执行子系统、评估子系统、档案管理子系统等。

D 高速公路交通监控系统

高速公路交通监控是对高速公路交通流运行状态、交通设施和交通环境的监测，以及对交通流行为的控制。其监控的主要目的是通过对高速公路全线的交通流量检测、交通状况的监测、环境气象检测、运行状况的监视，产生控制方案，从而控制交通流量，改善交通环境，减少事故，使高速公路达到较高的服务水平。

E 电子警务与办公自动化系统

电子警务，就是利用电子信息网络组织，开展和实施警务工作和警务管理，借助于网络的强大功能，提高警务工作和警务管理的效率和质量，进而提高公安机关新形势下履行职能的能力。

办公自动化系统利用先进的科学技术将办公人员和先进设备（计算机、网络、现代化办公用品）结合起来构成人机信息处理系统。

F 停车场管理系统

为提高停车场管理的科学水平，便于目前停车场数据信息的管理和后续停车诱导系统的建立，有必要采用先进的软件开发技术，开发城市停车场管理系统。城市停车场信息管理系统主要实现对各种数据信息的添加录入、删除修改、组合查询等各种数据操作功能，以完成城市停车场数据库的实时、动态维护管理。

G 多模式交通衔接系统

多模式交通衔接系统是城市集聚辐射功能的基础性设施，是城市内部各交通方式间及城市与周围地区之间联系的重要条件，是对城市内外与城市内部交通的整合。多模式交通衔接系统主要包括内外交通衔接系统和内部交通衔接系统。

H 道路基础设施管理系统

随着我国公路建设的快速发展，道路基础设施管理工作日益成为保障道路提供优质、快速的交通服务的重点。道路基础设施的信息化管理，为提高我国道路管理工作的水平提供了技术支持和高科技手段。道路设施管理系统分成不同管理模块，每个模块负责某一方面的数据处理和方案管理，共包括6个子系统，分别是道路监测子系统、数据存储子系统、数据分析子系统、结构管理子系统、作业管理子系统、财务信息管理子系统。

5.1.4.3 紧急救援管理系统

紧急救援管理系统是指在一体化管理的前提下，利用公安内部资源和社会资源，以最快的反应能力在交通事故影响的范围内，救治伤员、抢修设施、排除障碍、恢复交通，减少交通事故的影响，实现交通事故损害后果的最小化及社会效益的最大化。

A 紧急救援预案

紧急救援预案是在交通安全应急管理系统中最重要的部分，针对不同的突发情况事先制订有效的应急预案，救援部门不仅负责对救援人员进行日常演习训练，保证人力和各类物资资源处于良好的备战状态，而且还可以在发生交通事件时指导应急行动有序进行，防止因现场混乱和组织不当引起的工作延误。

B 紧急救援管理

紧急救援管理（emergency rescue management）是指个人或组织通过监测、

预警、准备、反应、恢复、总结等措施，控制和限制交通事故危害的发展，降低事故所造成的伤亡与经济损失，预防二次事故的发生，减少因交通事故造成交通拥堵、交通延误，确保交通安全、畅通，提高交通运输效率，降低交通事故的间接经济损失。此外，交通事故紧急救援管理系统应该在紧急事故发生时作为紧急救援调动中心，统一调度，实施救援，提供用户咨询、线路查询、路况查询、业务咨询、人工服务等相关服务项目，受理各种用户投诉，人工服务等功能。

5.1.4.4 收费管理系统

智能交通系统中的收费管理系统包括高速公路电子收费系统、公共交通收费系统及停车场收费系统。

A 高速公路电子收费系统

高速公路建成以后，收费管理是其重要的日常工作内容之一，它关系到高速公路社会效益的发挥，这在客观上要求通过建立合理的高速公路管理系统来进行科学和有效的收费管理。目前，高速公路收费管理系统主要有 3 种：人工收费管理系统、半自动收费管理系统和全自动的电子收费管理系统。其中，电子收费系统（electronic toll collection system，ETC）作为全自动的电子收费管理系统，是智能交通系统框架的重要组成部分。许多国家都将电子收费系统作为 ITS 领域最先投入应用的系统来开发，电子收费系统也是当今世界唯一得到大规模产业化运用的智能交通系统的子系统。

B 公共交通收费系统

随着技术的发展，以前的接触式 IC 卡公交收费系统逐渐被射频技术取代，即使用非接触式 IC 卡。公交收费系统一般由结算中心、汇总传输点和充值点三大部分组成。

C 停车场收费系统

停车收费是指对接受停车场提供的产品或服务的受益者收取的费用。停车收费对交通需求结构的影响是政府运用价格杠杆来缓解中心区停车问题时要考虑的主要因素。非接触式 IC 卡停车场收费系统是目前国际上最先进的电脑收费管理系统之一，具有方便快捷、收费准确可靠、保密性好、灵敏度高、使用寿命长、形式灵活、功能强大等众多优点。

5.1.4.5 公共交通管理系统

先进的公共交通管理系统（advanced public transportation systems，APTS）主

要以出行者和公交车辆为服务对象，包括城市常规公交运营管理系统、快速公交运营管理系统、城市轨道交通运营管理系统。

A 城市常规公交运营管理系统

城市常规公交运营管理系统由运行系统与公交企业管理系统两部分构成，两个系统之间将通过公交通信子系统和数据中心实现数据的共享及其他相关业务的操作。其建设和运营涉及信息领域、数学优化领域、管理领域及资源调度领域等多学科的知识，并需要应用通信、控制、计算机网络、GPS/GIS 等现代高新技术。

B 快速公交运营管理系统

快速公交运营管理系统主要分为快速公交乘客信息系统、快速公交控制系统、售检票系统。其中快速公交乘客信息系统为乘客提供全方位、多层次的信息服务，能够达到方便乘客出行、吸引出行者乘坐快速公交车、改善公交形象、提高服务质量的目的；快速公交控制系统则确保公交车辆运行可靠稳定，并利用信号优先等改善公交服务质量；快速公交运营管理系统一般采用与轨道交通类似的售检票系统，往往是在车站或枢纽点上完成的，以便于乘客快速上下车。

C 城市轨道交通运营管理系统

城市轨道交通运营管理与城市智能交通密切相关，主要涉及城市轨道交通智能化综合监控系统和列车运行自动控制（ATC）系统，它们是城市轨道交通运营管理智能化的典型子系统。

城市轨道交通智能化综合监控系统是指将彼此孤立的各类设备控制系统通过网络有机地连接在一起，监控和协调各相关子系统设备的工作，充分提高各类设备的效率，降低城市轨道交通运营成本，提高综合决策水平，为乘客提供一个便利、快捷、舒适的乘车环境，并在灾害发生的情况下最大限度地保护人身和财产安全，实现“高安全、高效率、高品质服务”的智能型城市轨道交通。

列车运行自动控制系统将车载信号作为主体信号，将具体的速度和距离信息传递给列车，根据上述信息，列车自动地控制运行速度，进行超速防护，以达到自动调整行车间隔的目的，并实现列车在车站的程序定位停车。

5.1.4.6 客货运管理系统

客货运管理系统包括道路运政管理系统、客货运运营管理系统。

道路运政管理，是指各级交通主管部门根据国家方针、政策和有关法规，对道路运输业进行政策指导、计划调节、法规保障、行政指令等，其主要内容是运政机关日常管理行为。

道路客运是整个客运体系的重要组成部分。目前，我国已经基本形成以大、中、小城市为中心辐射广大农村的道路客运网络。一般大型现代化客运站的运营管理是由若干不同性质和功能的子系统组成的，运营管理的主要内容可分为综合枢纽作业协调管理和组织服务性管理两大部分。

道路货运运营管理是规范道路货物运输经营活动，维护道路货物运输市场秩序，保障道路货物运输安全，保护道路货物运营有关各方当事人的合法权益的重要保障。主要由基础数据管理模块、任务生成与执行控制模块、车辆运行控制模块、驾驶人控制模块与企业生产运营评价模块5部分组成。

5.1.4.7 交通信息服务系统

先进的交通信息系统（advanced traveler information system，ATIS）是智能运输系统的重要组成部分。交通信息系统可以通过各种通信装置实时向旅行者提供相关交通信息，主要包括停车诱导系统、实时道路交通信息发布系统、实时公交信息发布系统、多模式交通换乘信息发布系统、对外客运交通信息发布系统、定位导航系统。

A 停车诱导系统

停车诱导系统（parking guidance information system，PGIS）是通过多种信息发布形式发布实时的停车信息，给驾车出行者提供方便快捷的停车服务，实现疏导停车需求，提高道路交通服务水平，缓解因停车巡游产生交通拥挤、行驶速度缓慢等造成的道路交通压力。

B 实时道路交通信息发布系统

实时道路交通信息发布系统的主要功能是获取交通流实时动态信息和各种交通服务信息，并将规范处理后的信息通过不同方式进行发布，同时向用户提供信息查询和各种扩展功能，如路线安排、车辆诱导等。目前，北京市交通委员会和北京市公安局公安交通管理局网站均可进行实时路况查询，人们可以通过此系统查询北京市主要道路的拥堵、缓行、畅通状况，以及是否有发生突发事故、施工、限行等实时路况信息。

C 实时公交信息发布系统

交通信息服务系统最为关键的部分是实时公交信息发布系统。这一系统直接面向公交出行者，将智能公共交通信息服务系统所提供的信息传达给出行者，而出行者则基于信息发布系统提供的服务，对信息服务系统做出评价。目前公交信息主要通过各种信息技术进行发布，包括支持数据广播、Web、E-mail、RSS (really simple syndication)、短信、声讯等。

D 多模式交通换乘信息发布系统

多模式交通换乘信息发布系统向乘客提供各种运输方式的行车时刻和运行路线、换乘站点、客运站场、周边地理信息、票价及道路交通状况、气候条件等换乘相关信息。出行人员可根据这些信息选择最佳的出行路径、交通方式、换乘方式及出发时刻或取消出行计划等。多模式交通换乘信息发布系统主要利用显示屏、广播、查询平台、手机等终端技术进行信息发布。

E 对外客运交通信息发布系统

对外客运交通信息发布系统是在统一、先进的交通服务信息系统基础上，集成各种终端和媒体向公众出行人员提供城市间客运出行信息服务，使得出行者能“不同场合、多种手段”实时获得出行前、出行中的交通、旅游、气象等信息服务。

F 定位导航系统

定位导航系统是ITS设施中涉及的一个主要应用系统，高级的定位导航系统是一个复杂的大系统，配有计算机、GPS接收机和各类传感器等设备，充分利用检测、通信、计算机、控制、GPS和GIS等现代高新技术，动态地向驾驶者提供实时交通信息和最优路径引导指令，通过对道路上的车流进行诱导，从而平衡路网车流在时空上的合理分配，提高道路网络运输效率，缓解和防止交通阻塞，减少空气污染。

5.1.4.8 安全驾驶支持系统

安全驾驶支持系统是由一系列车载设备组成的检测、决策及控制系统，该系统与基础设施或其协调系统中的检测设备配合来检测周围环境对驾驶人和车辆产生影响的各种因素，并根据检测结果进行辅助控制或自动驾驶控制，以达到行车安全高效和增加道路通行能力的目的。

5.2 国外城市交通系统的智能化模式分析

5.2.1 智能交通系统发展阐述

在城市化的进程中，由于汽车的普及，产生了许多严重的交通问题。拥挤的道路，频繁发生的交通事故，空气污染严重的交通环境，这些问题不仅困扰着发展中国家，也被发达国家所重视。为了解决这些交通问题，最直接的方法就是提高城市道路网的通行能力。然而，在大城市中，往往并没有足够的地理空间来修建更多的道路，并且，修路所需要的大量资金也是个巨大的问题。交通系统是个包含着车辆和道路两方面的复杂系统，因此，对交通问题的解决不能单单从其中一个方面考虑，而需要从系统的观念出发，将车辆问题和道路问题综合起来，在这样的思想背景下产生了使用高新技术，从系统角度解决交通问题的思想，这样就提出了智能交通系统（intelligent transport system，ITS）。

20 世纪 60 年代末期到 70 年代初期，智能交通系统首次出现。为了使交通系统更加安全畅通，减少公害和能量消耗，这一系统综合运用当时的各项先进科技，统筹考虑人、车、路和交通环境等各方面因素。

20 世纪 60 年代末期，西方国家将计算机运用到交通控制领域，而针对通信信息技术在交通控制中的运用的研究也如火如荼地开展起来。到了 80 年代中期，这些研究取得的非凡成果，使智能交通系统正式建立起来。这一系统综合运用了信息技术，电子控制技术，数据通信传输技术以及计算机处理技术等，可以对交通进行多方位的大范围的实时综合管理，注重人、车、路和环境之间的相互配合，做到了准确和高效。

20 世纪 90 年代以来，欧美国家以及日韩、澳大利亚等国高度重视智能交通系统的研究，大量的人力物力被投入到智能系统的开发中去。在这一大环境下，中国也需要掌握发达国家智能系统研究的最新动态，开展在相关领域的研究工作。我们有理由认为，这些领域的研究不仅仅有利于对道路交通发展情况进行规划，使道路建设的设计和建造工作更为科学，而且也有助于推动城市交通管理的现代化进程，有利于交通环境的可持续性发展。

通常我们可以将智能交通系统定义为一个综合运用先进的信息技术、通信技术、传感技术、控制技术、计算机技术和系统综合技术，能够在大范围内发挥作用的运输系统。这一系统建立在完善的基础设施例如道路、通信、港口等之上，而又应用于地面运输系统，以新的方式呈现出人、车、路三大交通系统主体之间的相互关系，具有实时、准确、高效的特点。

5.2.2 国外智能交通系统发展情况

5.2.2.1 美国的发展概况及过程

A 发展概况

美国是应用 ITS 较为成功的国家之一。

发展重点：1995 年 3 月，美国交通部出版了《国家智能交通系统项目规划》，明确规定了智能交通系统的 7 大领域和 29 个用户服务功能，并确定了到 2005 年的年度开发计划。7 大领域包括出行和交通管理系统、出行需求管理系统、公共交通运营系统、商用车辆运营系统、电子收费系统、应急管理系统、先进的车辆控制和安全系统。

应用状况：据报道，目前 ITS 在美国的应用已达 80%以上，而且相关的产品也较先进。美国 ITS 应用在车辆安全系统（占 51%）、电子收费（占 37%）、公路及车辆管理系统（占 28%）、导航定位系统（占 20%）、商业车辆管理系统（占 14%）方面发展较快。

投资：美国联邦政府 1990～1997 年用于 ITS 研究开发的年度预算总计为 12.935 亿美元，20 年发展规划投资预算约为 400 亿美元。美国政府要求将 ITS 的发展与建设纳入各级政府的基本投资计划之中，大部分资金由联邦、州和各级地方政府提供，也注重调动私营企业的投资积极性。

B 发展过程

美国 ITS 的发展立足于两部基本法案。其一是 1991 年颁布的《陆上综合运输效率化法案》（简称冰茶法案或 ISTEA），另一部则是 1998 年出台的《面向 21 世纪的运输平衡法案》（简称 TEA-21）。这两部法案从立法的高度制定美国对于 ITS 发展的投资计划和统一规划安排，具有划时代的意义。

TEA-21 出台后不久，美国又颁布了《美国五年 ITS 项目计划（1999～2003）》（National ITS Program Plan：Five-Year Horizon）。2002 年 1 月，在《美国五年 ITS 项目计划（1999～2003）》即将到期之际，美国发布了《美国十年 ITS 项目计划》（National ITS Program Plan：A Ten-Year Vision）。在这一计划中，美国制定了 ITS 的发展蓝图和具体目标：号召政府部门、私有企业、大学等 ITS 的主要参与者，在 ITS 技术领域，包括交通信息网络，自动车辆碰撞和事故探测、通知和反应，车辆防撞技术等，以及环境领域，包括交通系统管理与运营环境，政府部门的角色定位、相互关系和投资计划两个主体领域中，实施私有企业产品的联邦政策和行动计划，分析 ITS 在当前的发展状况，收益情况，所面临的机遇与调整，展开行动。

ITS 的研究也获得了充分的公共资金投入。《陆上综合运输效率化法案》中明确规定了美国政府有义务对于 ITS 的研究开发给予资金上的支持和援助。这一法案颁布之后，美国政府连续多年对于 ITS 发展予以拨款资助。1991～1997 年，7 年内美国政府对于 ITS 项目的自主金额高达 13 亿美元。由此可见，美国政府对于 ITS 发展的重视，希望美国在该领域的研究中占有世界主导地位，以此获得 ITS 市场上的主动权，取得较高的收益回报。虽然美国 ITS 的研究发展主要依靠政府投资，但是为了降低公共财政负担，美国的 ITS 项目在近些年来也积极地建立私人资本投入机制，吸纳私人投资，营造良好的公私合作关系。

5.2.2.2 日本的发展概况及过程

A 发展概况

日本早在1973年就开始了对智能交通系统的研究。

发展重点：日本ITS规划体系包括先进的导航系统、安全辅助系统、交通管理最优化系统、道路交通管理高效化系统、公交支援系统、车辆运营管理系统、行人诱导系统和紧急车辆支援系统。

应用状况：日本的ITS主要应用在交通信息提供、电子收费、公共交通、商业车辆管理以及紧急车辆优先等方面。目前在日本已有超过1800万人的汽车导航系统用户。

投资：日本政府1996~1997年用于ITS研究开发的预算为161亿日元，用于ITS实用化和基础设施建设的预算为1285亿日元。1996年“推进ITS总体构想”推出了一个投资预算7.8兆日元的20年规划。十三本走政府与民间企业相互合作的道路，如车辆信息通信系统（VICS）的运作方式极大地调动了企业的积极性，加速了日本ITS的开发与应用。

B 发展过程

日本是世界上率先开展ITS研究的国家之一。1973年，十三本通产省开始开发汽车综合控制系统CACS（comprehensive automobile control system），这同时也意味着ITS的研发活动在日本的开始。

在20世纪90年代中期，日本的ITS研发项目是由各省厅分别进行的。然而在90年代之后，ITS的发展被列入了基本国策，各省厅也转而联手合作开展ITS研究。1995年6月，日本内阁会议正式通过了《面向高度信息和通信社会推进的基本方针》。其中，“公共部门信息化”是基本方针的五个研究领域之一，而道路交通信息化则被列在了“公共部门信息化”一项的首位。在此基础上，《公路、交通、车辆领域的信息化实施方针》在同年制定并发布。这部方针是由与ITS相关的四省一厅（邮政省、建设省、运输省、通产省、警视厅）联合制定发布的，其中提出了ITS研究开发的九大领域，呈现了日本政府对于积极推动ITS技术的发展的强烈意愿。

1996年7月，四省一厅又制定并发布了《推进ITS总体构想》。其中制定了ITS技术的开发实施计划，ITS的功能目标，产、学、官、商相互合作的开发机制以及研究开发的九大领域的20项服务内容。构想中表明，日本将在2015年之前逐步实现这20项服务。这是一项长达20年的规划目标，促进了ITS的发展纳入到日本基本国策，对于本国ITS的进程具有重大的意义。

在此之后，随着一系列有关IT社会建设的政策的颁布，ITS的重要地位更是不断提高。2000 年，颁布了《形成 IT 社会基本法》，次年，《E—JAPAN 战略》和《E-JAPAN 优先政策计划》问世。在这些政策中，ITS 被认为是 IT 社会的关键因素。在《E-JAPAN 优先政策计划》中，ITS 与车辆信息与通信系统 VICS（vehicle information and communication system）被列为第三代信息通信最重要的组成部分，要求加快对于 ITS 的研发工作。

日本同样不吝惜对于 ITS 的投资。1995～1999 年，五年间四省一厅对于 ITS 投入了 3683.66 亿日元，资金的分配上，其中 10%用于研发项目，其余 90%则用于实施运用。研发资金的很大一部分来自建设省，主要用于 AHS 的研究，另外，信息通信标准的研发资金则主要来自邮政省和通产省。而实施资金主要用于安装 VICS 和 UTMC 路边设施，这笔资金主要来源于建设省和警视厅。日本政府对于 ITS 的投资主要来自汽车相关的税收，其预算不断增长，对于研发工作愈发重视。仅 2001 年，研发预算就比前一年增长了 24%，而信息高速公路建设方面的预算增长了 2%。

5.2.2.3 欧洲的发展概况及过程

A 发展概况

欧洲在 ITS 应用方面的进展介于日本和美国之间。

发展重点：目前正在进行 Telematic 的全面开发，计划在全欧洲建立专门的交通（以道路交通为主）无线数据通信网，正在开发先进的出行信息服务系统（ATIS），先进的车辆控制系统（AVCS），先进的商业车辆运行系统（ACVO），先进的电子收费系统等。

投资：在 20 世纪 80 年代中期，欧洲 10 多个国家投资 50 多亿美元，旨在完善道路设施，提高服务水平。欧盟从 1984～1998 年仅用于 ITS 共同研究开发项目的预算就达 280 亿欧洲货币单位。

B 发展过程

欧盟认为，欧洲有其特殊的政治经济背景，因而，为了成功运用 ITS 技术，需要欧盟各成员国在各个层次上的合作。1996 年 7 月，欧盟出台的《跨欧交通网络（TENT）开发指南》，致力于通过建设交通信息网络促进信息社会发展，开展欧盟内的跨国界服务。其中特别强调了交通管理的信息通信基础设施的建设和交通信息服务的开展，肯定了 ITS 技术将对于道路交通效率的提高和交通安全的保障发挥长期的作用。

1997 年，欧盟方面出台了《欧盟道路交通信息行动计划》。这项计划成为了欧洲 ITS 总体实施战略的重要部分。计划的实施要求研发部门、技术部门、金融部门和立法部门等多方面的协调配合，优先发展基于 RDS-TMC（radio data system-traffic message channel）的交通信息服务、电子收费、交通数据互换与信息管理、人机接口和系统框架五个 ITS 的关键领域。同时，也强调了城市交通管理、运营以及控制，出行信息及诱导系统，车辆安全控制系统、商用车辆运营系统等项目开发的必要性和迫切性。

2000 年，《电子欧洲行动计划》颁布。这一计划致力于推动欧洲向信息社会发展，其中交通领域在这一发展过程中至关重要。该计划面向欧盟及其各成员国政府以及私有企业，为 ITS 项目的实施打下了基础，推动了欧洲 ITS 的发展进程。

次年 9 月，《2001~2006 各年指示性计划》（简称 MIP）出台。欧盟试图扩大对于跨欧交通网络的投资，以加强道路交通 ITS 和大型基础设施项目的建设及空中交通的管理，其中包括伽利略卫星导航定位系统计划（galileo programme）。同年，《欧洲 2010 交通政策：决策的时刻》出台。作为囊括欧盟未来十年交通发展战略的政策白皮书，该政策将 ITS 计划作为发展的一项重点，认为其对于欧洲交通的发展具有十分重要的作用，并要求加快建立全欧 ITS 产品与服务的一体化市场，欧盟和各成员国对于欧洲 ITS 的研发和实施的经费都进行了积极的投入。欧盟每年投入 1 亿欧元用于交通方式应用信息和通信技术项目的开展，这一项资金通过欧洲研究计划而落实，同时，欧盟也为交通管理系统的实施提供了大量资金支持。1995~2000 年，欧盟在道路交通管理项目中投入了 1.25 亿欧元，2001~2006 年，欧盟计划加大对欧洲 ITS 研发的投资。在 TEMPO 计划中，欧盟表示在 2001~2006 年间，将投入 1.92 亿欧元用于“欧洲—区域”的实施计划。其中，88%的资金将用于道路交通监控设施、交通管理和控制以及交通信息服务等工程。同时，欧盟也鼓励私有企业积极地投资增值信息服务等。

5.2.2.4 其他国家 ITS 发展概况

韩国预计投入 100 亿韩元，在光州市建立 ITS 示范工程。其建设的重点项目包括 ITS 中心、交通感应信号系统、自动化管理系统、电子收费系统、动态测重系统、及时播报系统、公交车乘客信息系统、动态线路引导系统以及停车预报系统。

马来西亚在吉隆坡 88 层的国油双峰塔至雪邦新国际机场的南北一线上建设有 750 平方千米的多媒体超级走廊。通过兆位光纤网络来链接各个大型基础设施，包括国际机场、新联邦首都以及多媒体资讯城。这是马来西亚 ITS 建设的重点内容。

新加坡致力于城市交通管理系统的系统。这一系统不仅能够完成传统的交通管理功能，包括交通检测、信号控制以及交通诱导，还拥有新的先进功能，例如通过电子计费卡控制车流量以及通过自动提高拥挤路段和高峰时段的车辆通行费以达到合理控制道路使用效率的目的。

5.2.3 国外智能交通系统发展对我国的启示

研究分析国外智能交通的发展模式，总结其在发展 ITS 技术中的成功案例和失败教训，有利于我国 ITS 的发展。我们将借鉴国外的经验，避免历史上的失败教训，同时将国外发展模式与我国的国情与实际需求相结合，我们能够制定出有特色的、完善的智能交通发展模式。

5.2.3.1 ITS 基础条件分析和借鉴

A 国外 ITS 发展的基础条件

美欧以及日本等发达国家和地区，其 ITS 的应用状况与其交通状况有重要联系。由于发达国家与地区的交通基础设施相对完善，用加强交通基础建设的方式来应对日益增长的交通需求和日渐严重的交通问题并不是一个经济环保的方式，而是需要针对其较为低下的交通设施效率来采取措施。ITS 的运用有利于现有交通基础设施效率的提高，对于这些国家和地区来说是解决交通问题的有效措施。

B 我国 ITS 发展基础条件分析

相对于发达国家地区的道路建设水平，我国目前的交通基础设施建设还较为落后。道路里程少、路网不完善，极大的人口密度带来的大出行量，自行车的大量存在都是交通建设尚且任重道远的表现。因此，除了部分较为完备的高速公路和重点航道，我国还不具备广泛实施运用 ITS 的交通基础设施条件。

然而，尽管我国目前的交通设施状况没有发达国家那样完善，但是我们需要从长远规划的角度来考虑 ITS 的发展，避免出现其他国家由于当初缺乏长期规划，在 ITS 实施上耗费了大量人力物力来进行交通基础设施改造的情况出现。

我国应当在加快交通基础设施建设的同时，通过 ITS 以提高基础设施的服务能力，以此来满足我国当前的交通需求的增长。在进行交通基础设施建设的同时，把将来 ITS 的发展纳入考虑之中，预先为其留下发展的空间，随着条件的成熟逐步完成 ITS 建设。

5.2.3.2 ITS 规划模式分析和借鉴

许多国家在发展 ITS 的过程中，都将先期规划和标准制定作为重要的项目，制定科学的发展规划。

A 注重前期规划内容和目标的制定

美国ITS发展由政府专门成立的ITS领导和协调机构负责。1991年发布了《综合陆上运输效率化法》，制定了ITS在未来二十年的发展规划。1995年3月，由运输部发布的《国家ITS项目规划》明确规定了ITS的7大领域和29个用户服务功能，制定了针对ITS的十年内的发展计划。

日本的ITS由四省一厅成立的ITS开发组织（VERTIS）负责，这一全国性组织在1996年制订了20年ITS发展计划，提出了ITS的总体构想，其中包括基础设施建设、系统和产品的研发和智能交通子系统运用。

1985年，欧盟各成员国为了智能道路和车载设备的研究，成立了欧洲道路运输信息技术实施组织（TRICO）。次年，欧洲民间联合制定了欧洲高效安全交通系统计划（PROMETHEUS）。1995年，这一计划在政府的参与下正式启动。1996年，欧共体事务总局公布了74个将要发展的T-TAP的子项目。

此外，新兴的工业国家和发展中国家也不乏对于ITS的远景规划。韩国制订了ITS框架结构和发展计划，新加坡计划实施不停车电子收费计划，中东国家也将ITS研究纳入了本国未来发展规划之中。

B 注重ITS规范与标准的制定

ITS的规范与标准的制定同样是ITS工作的重点。1993年，国际标准化组织为了交通信息与控制系统标准特意成立了TC-204技术委员会；美国建立了ITS的通信协议NTCIP；1990年，CEN/TC278工作在欧盟标准化组织负责下开展，与ISO订立了维也纳协议；日本的ITS标准的全面制定工作则于1991年12月在日本汽车委员会的负责下进行。

C 我国ITS规划应借鉴的方面

我国的交通部在制订科技发展九五计划和2010年长期规划时，将ITS的发展列为发展项目，开展了研究工作。1998年，为了中国ITS的标准制定，ISO/TC204中国委员会经由交通部的正式批准而成立。我国已经成立全国ITS协调小组，一批重点项目，包括中国ITS标准体系框架研究、中国智能交通系统体系框架以及智能运输系统发展战略研究在内，已宣告完成，重大专项智能交通系统关键技术开发和示范工程也已完工。尽管如此，我国的ITS研发尚缺乏统一的规划安排，而依靠相关部门的独立工作。为了今后ITS的发展，一个系统性的可操作性强的发展方案亟待确立。

5.2.3.3 ITS投资模式分析和借鉴

在以美国为首的众多发达国家对交通问题的解决方案中，他们都进行了大量的人力资源以及资金的投入，并进行 ITS 项目的研发以及建设。这一投入是以政府为主导，积极调动社会各类企业参与的。

A 对 ITS 科研和工程投资力度大

在美国政府当中，仅仅从 1990~1997 年之间所用在 ITS 研究当中的投入就达到了将近 13 亿美元，20 年的计划投入资金为 400 亿美元。在 1991~1997 年之间，美国进行了 86 个 ITS 现场试验，共花费 7 亿多美元。2000 年 10 月份，美国国会又决定一年内投入 2.68 亿美元在 ITS 项目之中，并且还规定当中的 5000 万美元用在 ITS 的基础设施当中。

日本政府在 1996 年一年间就在 ITS 研发当中投入了 161 亿日元，ITS 基础设施以及实用化当中 1285 亿日元。1996 年更是通过了 7.8 兆亿日元的 20 年发展规划。日本对于交通 ETC 的研发十分看重，在 1995~1996 年共投入了 70 亿日元。这几年当中，日本还在全国公路电子地图系统当中投入了 15 亿日元用于研发，这一投入使得汽车的电子导航市场得到了开拓，到目前为止，市场中已经应用了将近 400 万套汽车电子导航系统。

B ITS 投资采取政府为主、企业参与的方式

各个政府的投资方式也各有不同，美国政府的方式是把 ITS 分配给各级政府，通过各级政府共同出力来进行 ITS 建设，同时还十分看重投资机制的革新。资金的投入有多种方式进行，最常见的是公路信用基金，另外一部分也积极引导私营企业进入投入。日本则不同，政府和企业的联系更加紧密，两者相互合作进行投入研发。就比如在车辆信息通信系统当中就带动了大量的企业进入，对日本 ITS 项目的建设具有重要的作用。

C 我国 ITS 投资应借鉴的方面

ITS 要想吸引投资者进入投资，必定要给投资者一定的原因，以及预期的成效。然后我国当前对这些问题的研究不够深入，不论是在政府进行投资当中，还是在私营企业的市场选择当中都难以做出正确的决策意见，更难以进行系统运行的综合管理。当前我国主要是以政府对 ITS 项目进行投资，通常是在进行交通基础设施建设的时候进行同步建设。虽然我国有一部分私人企业表现出一定的积极性，但是由于国内投资机制以及相应的协调机构的缺失，企业难以和政府之间进行良好的沟通，介入较为困难。虽然说，ITS 项目不会是私营企业寻求社会义务的理由，但是由于其内部蕴含的巨大利润肯定会吸引企业进入。毫无疑问的政府的公共机构一定会进行各项机制改革，来帮助私营企业占 ITS 项目中的投入创造条件，企业也定会在政府的良好初衷下积极加入。

5.2.3.4 ITS 建设模式分析和借鉴

A 美国注重 ITS 安全设施的建设

现在美国在 ITS 的发展中处于领跑的地位，并依据国内的交通特点建立了四大系统和多项子系统，分别是公交信息、车队管理、交通需求管理以及电子收费。这当中发展比较迅速的是占比 51%的车辆安全系统、占比 37%的电子收费、占比 28%的公路及车辆管理系统、占比 20%的实时定位系统以及占比 14%的商业车辆管理系统。由于 911 事件的影响，美国认为通过发展 ITS 能够对预防恐怖活动、增加交通安全、降低受灾程度以及进行快速疏离等都具有重要的作用。所以美国 ITS 的建设重要目标之一就是进行地面交通安全的维护，并且将重点放在用户服务、交通安全管理、安全防御以及系统性能等方面。

B 日本注重 ITS 诱导设施的建设

日本对于 ITS 的诱导设施更加看重。政府将丰田公司等的 25 家企业组织起来进行 AHS 即自动公路系统的研发。这几年当中，日本还在全国公路电子地图系统当中投入了十五亿日元用于研发，这一投入使得汽车的电子导航市场得到了开拓，到目前为止，市场中已经应用了将近四百万套汽车电子导航系统。面对人群密集、城市当中的狭窄道路处等城市峡谷地带 GPS 信号差的问题，日本使用信标这一先进方法，通过双向信标设备对问题进行解决，领先程度较高。当前，日本在 ITS 建设当中以电子收费、商业车辆管理、交通信息提供、紧急车辆优先以及公共交通为主。

C 欧洲注重 ITS 基础平台的构建

欧洲的 ITS 发展程度没有美国的发展程度高，但相较日本有一定的长处。当前欧洲正在进行 Telematic 的研究工作，并打算建立起贯通整个欧洲的无线数据通信网，这一无线通信网的建立有利于 ITS 的各大功能的实现。当前在欧洲进行的 ITS 开发项目主要有车辆控制系统、旅行信息系统、电子收费系统及商业车辆运行系统等。

D 其他国家 ITS 注重示范工程的建设

韩国的 ITS 项目共包括九项系统，分别是公交车乘客信息、自动化管理、电子收费、动态测重、交通感应信号、动态路线引导、及时播报、ITS 中心以及停车预报等系统。这些系统的预计投入大约为一百亿韩元。当前较为流行的是物流、宅送、车辆位置跟踪以及货运管理信息系统。他们的作用是能够通过终端控制中心对货物、车辆由各项数据进行实时把控，这对于提升交通运输的效率具有重要的作用。

马来西亚在 ITS 发展中主要体现在其多媒体超级走廊，这一条走廊面积非常狭长，自北向南由国油双峰塔开始一直到雪邦新国际机场，总面积高达 750 平方千米。超级走廊发展目标是将国际机场、多媒体城以及新联邦首都等重要场所使用光纤网络进行联系。

新加坡在 ITS 的发展主要体现在城市交通管理系统上。城市交通管理系统不但具有完善的交通检测、信号控制等功能，还能实现对车流量进行控制、自动调节通行费等等。

E 我国 ITS 建设应借鉴的方面

对我国来说，在 ITS 发展中，主要体现在电子收费、车辆安全与辅助驾驶、运营管理、自动公路、交通管理与规划、出行者信息、紧急事件和安全以及综合运输八个方面。“十五”着重进行现代运营体系和物流体系、城市接旅客快速运输服务和信息服务系统、水上交通管制、船舶控制系统、国道主干线电子收费系统、高速公路紧急事件管理系统、水运综合系统、事故处理救援系统以及船舶自动识别系统的建设。以上众多系统都是充分结合我国的具体国情以及国外的先进技术与经验而成的。随着我国交通信息的不断变化，各项基础设施需要更新换代，交通发展的目标在时刻改变，交通的需求量日益扩大，各项系统必须要结合交通信息的变化，进行不断更新，根据 ITS 总体建设目标，力求满足我国交通状况日益发展的需求。

5.2.3.5 ITS 运营模式分析和借鉴

A ITS 建设前期和后期运营目标不同

西方众多国家在进行 ITS 项目研发的前期阶段着重进行项目的技术开发以及系统的研发工作。随着这一项工作的完成，工作重心逐渐转向提升客户的服务满意度以及各项系统的性能优化程度。逐渐由当初的进行各项交通基础设施的建设以及交通工具的生产转向完善基础设施以及交通工具的性能。在交通行业，其行业产出是根据客户的满意度来衡量的，而不是各项基础设施以及交通工具的产量。

B 注重 ITS 整体化信息网络的建设

交通信息网络对于 ITS 的效能的实现具有很大的作用，这一点美国就是很好的例子。交通信息网络中包含有众多信息，最基础的是使用与维护档案、天气条件、交通基础设施的自然状态以及环境状况等。信息的收集工作不是由某一个单位单独来完成的，而是需要包括政府、企业以及个人等进行全方位的收集。

C 各种交通方式之间能够全面协调运营

各种交通工具进行协调的运营模式对于出行者来说是有巨大的好处的，这也有利于交通运输系统的形成。人们在需要时可以自由的切换交通工具，时间、地区因素都能够被很好的解决。交通信息网络还能够帮助人们可以使用行驶向导、网络地图、住宿服务、改变出行计划，以及进行出行计划的安排等。

通过交通信息服务还能够更好地进行货物的运输，这一点可以体现在多样性运输和单一式运输之中。通常在货物运输中存在的很多问题，比如在各个地区之间的交接问题，以及货物运输方式、交通工具的转换问题。这些问题在交通信息服务中都能得到很好的解决。在美国，这一系统就得到了很好的应用，州际公路上的货车能够通过该系统在各州之间进行信息的交流，这就避免了程序的烦琐，同时通过该系统货物运输的双方还能够实时的检查货物的情况，具有极大的便利性。

D 我国 ITS 运营应借鉴的方面

我国在 ITS 方面的进展主要是进行基础设施建设以及前期的相关工作，大致是进行通信资源的准备工作以及机电建设方面。而 ITS 的运营服务暂时还处在前期阶段，并没有达到综合服务的水准。

而且，我国当前的交通基础设施还不完善，正处在建设时期。以我国的公路作为例子，虽然说我国的高速公路总里程在不断增长，但是除了部分发达地区外，在全国建成公路运输网还没有达到要求。就算是在公路运输发达的地区，出于各种原因的限制，ITS 还难以进行各项服务的提供。就比如 ETC 工程，也只是在个别地区、个别车道进行使用，远没有在全国形成统一的系统，这对于其作用的发挥有一定的限制。

5.2.3.6 ITS 管理模式分析和借鉴

A 美国 ITS 管理注重安全应急和效率

美国进行 ITS 建设以加强对交通事故进行管理，有效减少撞车事故的发生为目标。其中发挥作用的是事故自动定位信息系统、交通事故应变线路软件、路线引导软件、双向通信设施等。这些系统的功能主要有，进行交通事故信息的传送、进行救援中心的分配以及医护人员线路的安排、进行交通路口信号灯调节以及救援路线的选择、进行救援现场的实况转播等。这些系统都能为减少交通事故以及快速有效的进行交通事故的处理提供便利。

美国交通信息管理系统对待交通信息能够进行智能化的处理，它通过实时监控、分析交通状况、收集交通数据进行有效及时的信息分析以及未来推测，同时还能够科学的制定各项应急方案。具体的应用系统是设施—车辆运输自动化系统以及车辆—道路自动化协作系统等。而且美国各个地区以及各种交通运输方式也能够通过同一网络进行联合，最终实现一体化的运输。各个管理系统以及交通控制中心进行数据的流通与交汇，这对于区域性的交通管理十分有益。

B 日本ITS管理注重信息采集和利用

日本使用多种方式、大范围、大数量进行数据的采集。比如在各个主要街道上布置车辆信息采集器对路面的信息进行采集，同时上传到交通控制中心。交通控制中心中的系统会对各项信息进行加工、处理，并计算出该路段交通情况、交通速度、交通流量以及是否堵塞、堵塞的程度等，并进行疏通时间的计算。同时，该系统还会提出交通信号灯控制措施，以便于快速有效的解决当前的交通问题。各项经过汇集以及处理的信息能够通过软件实时、直观地显示出来，不仅仅有数据，还有各个地点实时图像、分析而成的数据以及推测结果等等。

系统不仅仅能够进行实时的检测，还能进行实时的反馈，通过在道路中设置的LED屏幕向出行者传递各类信息。除了这一方式，还有车载广播、道路广播、车载交通信息查询系统以及手机实时查询等方式。出行者能够方便地进行各种方式的选择。同时，通过这些信息还能够进行交通的疏导，最大限度地减少交通事故的发生，提升各个道路在其他条件不变情况下的通行能力。

而且，日本各个交通部门能够实时进行交通信息的共享，就像高速公路以及城市内各主要道路分属不同部门进行管理，但是他们之间的道路情况以及各种路况条件的信息都是实时共享的。

C 我国ITS管理应借鉴的方面

我国通过一系列的努力在ITS发展上取得了一定的成就。具体体现在高速公路监测系统、安全保障系统、城市交通管理以及收费系统等方面，同时还研发产出了可变情报板、紧急电话、监控地图版、车辆检测器、可变限速标志以及分车型检测仪等多项先进设备，并且还针对交通管理进行了大量的规范制定工作。这些工作都有利于最终实现ITS的高效运用。

虽然取得一定的成就，但是我国的交通信息管理系统和上述发达国家还是有一定的差距。这些差距主要体现在各类交通信息的收集以及综合应用方面。当前公路上众多LED屏幕所显示的大致都是静态信息，出行者能够接收到的信息较少，利用率也较低，交通引导尚不成熟。还有一点不容忽视，那就是当前我国大部分的地区交通基础设施不完善，各部门之间的信息交流沟通存在障碍，并不便捷，且缺乏一定的管理协调机制。

5.3 城市交通的智能化构想与发展战略选择

5.3.1 智能交通系统建设的主要技术

城市智能交通发展过程中除了必需的管理思路和管理办法外，还需要有坚实的技术支持和硬件支持，智能交通系统建设的主要技术要求有5个方面。

（1）SCATS交通信号控制系统要求。规范路口交通环境。为了使路网中的交通分布更加均衡，要求在设计路口交通工程时注意系统化，而在路口的渠化，交通标志及交通信号的分配上注重规范化。标准、稳定但又同时功能灵活的交通控制系统和设备能够使得不同的交通控制的需求得到满足。这一系统采集现场的交通数据，之后对数据进行处理、保存。这一过程可以连续进行，得到准确的数据。它的运用十分广泛，不但可以控制交通状况、而且还为交通指挥调度乃至城市的交通规划提供数据的依据。

实施优化交通控制，能够提高道路通行能力，使交通拥挤的状况得到改善，同时也能减少事故的发生和交通工具造成的空气污染。

（2）交通监视系统要求。在设计数字监控系统和模拟监控系统之时，需要考虑其兼容性，不能与已经完成的系统产生冲突。

（3）交通违法监测系统要求。交通违法检测系统发展出许多应用，其系统中心设置在交警支队，而其各级应用又能够满足实际的一线工作的需要。

（4）交通诱导系统要求。建设交通诱导系统，即采集交通信息，在对信息进行分析处理之后，通过交通诱导屏及其他各类途径发布交通诱导信息，是贯彻交通管理服务意识的要求，为交通参与者提供便利。其建设的具体内容包括行程时间检测、视频检测以及情报板发布等数个系统。

（5）光纤通信网络要求。新建光纤点，改造已有光纤点，路段上所有智能交通设施视距离长短通过线缆或自敷光纤汇聚到邻近光纤点，通过复用光端机使用1根光纤传输至交警中心机房。路口光端机须充分考虑系统的可靠性、扩展性与开放性，同时考虑信号系统、监视系统、违法监测系统、交通诱导系统信息传输的兼容。

5.3.2 智能交通系统的系统构建

智能交通系统在世界范围内取得了广泛的运用。其中，日本地区的智能系统发展最为成熟，其使用的VICS系统相当完备。除此之外，欧美地区智能系统的使用也较为普遍。其在中国的北京、上海等发达地区也投入了大规模的应用。这一系统由七个子系统组成，是一个复杂的综合性系统。

（1）先进的城市交通信息服务系统。城市交通信息服务系统的建立仰赖完善的信息网络。信息网络的建立主要有三个步骤：1）在车辆上、道路上、换乘站以及城市场站、气象中心等地安装上传感器和传输设备，由此获得实时交通信息，传输给信息中心。2）信息中心对这些信息进行处理，据此得出城市交通信息、道路信息、换成信息、停车场信息以及气象信息等各种信息，再反馈给出行者。3）出行者根据所得到的信息来制订合适的出行计划。举个例子来说，如果在一辆车上装上自动定位和导航系统，那么这一系统能够为驾驶员在优化行车线路上提供帮助。

（2）先进的交通管理系统。交通管理系统虽然也使用交通信息服务系统所采集处理的信息，但是其与信息服务系统最主要的区别在于该系统的用户是城市交通管理者而不是参与者。管理者通过该系统检测和控制道路交通情况，提供道路、车辆以及驾驶员之间的通信联系。交通管理系统还具有实时监控的功能。它收集交通状况、气象状况和交通环境的信息，通过车辆检测技术和计算机信息处理技术，取得所需信息，再根据这些来进行交通控制，比如信号灯的调节，诱导信息的发布，道路的管制乃至交通事故的处理和救援。

（3）先进的公共交通系统（APTS）。公共交通系统针对公共运输业的发展。运用各种智能技术手段，比如使用个人计算机、闭路电视等为市民提供如何选择出行方式、出现路线和车次的咨询服务，通过公交车站的显示器为候车者们提供车辆运行信息，公交车管理中心根据车辆的实时状况安排发车与收车方式等等，使城市公交系统更为安全、经济、快捷。

（4）先进的车辆控制系统（AVCS）。车辆控制系统的目标对象是车辆驾驶员。其对驾驶员提供帮助，使其更好地控制车辆，比如发展避开障碍物的自动驾驶技术，使车辆驾驶更加安全有效率。

（5）城市货运管理系统。这一智能化的物理管理系统，运用高速道路网和信息管理系统，立足于物流理论，综合利用卫星定位和地理信息系统，通过网络技术实现货物运输效率的提高。

（6）电子收费系统（ETC）。目前使用电子收费系统收取过路过桥费，是当今世界最为先进的路桥收费方式。在车辆的挡风玻璃上安装的车载器与安装在收费站车道上的微波天线之间可以进行短程通信，再经由计算机网路，在银行进行后台结算，所得费用在经过处理后划归给相关收益业主。这样一来，车辆在经过道路收费站时，不需停车就可以完成缴费，使得车道通行能力提高了3~5倍。

（7）紧急救援系统（EMS）。紧急救援系统的运作需要以ATIS和ATMS系统为基础，其连接了交通控制中心与救援机构，从而为车辆事故现象的紧急处理，包括现场救助和排除事故车辆等工作提供援助。

5.3.3 智能交通发展战略

智能交通发展战略是一个系统性的复杂论题。在分析城市智能交通发展战略之前，我们首先需要对我国城市智能交通发展战略研究必须要解决的关键性问题展开深入探讨。

5.3.3.1 社会经济和交通运输发展关系分析

社会经济与交通运输之间有着不可分割的联系。从系统的组成结构方面来看，社会经济是交通运输发展的外部环境，而交通运输则是社会经济的重要组成部分，两者相互依存；而从两者之间的相互影响方面来看，交通运输的便捷与否会对社会经济的发展产生促进或者制约的影响，而反过来，社会经济发展水平又在一定程度上决定了交通运输的发展状况。而且，城市交通的发展与城市的发展也有着互为促进、互为影响的密切关系。

5.3.3.2 国内外城市智能交通系统发展现状及其发展趋势分析

世界上许多发达国家都非常重视智能交通系统的发展。美国在 20 世纪 60 年代开始就实行智能交通系统的研究，在此之后，欧洲和日本也相继加入其中。到了今天，美国、欧洲和日本已经成为了智能交通系统研究与实践的三大基地。这些国家为了研究开发智能系统投入了大量的人力物力，取得了令人瞩目的成果，许多全国性的智能交通系统发展协调组织的成立也为其发展做出贡献。同时，美国、日本、欧洲也在城市交通中不断研究城市智能交通系统的构建与发展。发达国家的智能交通系统的研发过程为我们提供了宝贵经验。我们应当积极学习其先进技术，了解其最新的发展动向和前沿科技，走开放式的发展道路，避免重复过去的失败教训，从而开发出高水平的、有特色的智能交通产品。在较高的起点上实现我国智能交通系统，特别是城市智能交通系统的快速、健康发展。

6 现代城市“生态化”交通实现路径

6.1 现代城市“生态化”交通发展的现状分析

城市低碳交通发展现状分析主要包括交通发展现状分析、交通温室气体排放现状分析、交通部门温室气体排放的主要驱动因素分析等内容。

6.1.1 城市交通发展现状分析

城市交通发展现状分析是城市低碳交通研究的基础，通过文献研究、开展调查与访谈等形式，广泛收集年鉴、统计数据、研究报告等各种信息，充分利用大数据资源和新一代信息技术，明确城市定位、特征与交通区位，深入分析城市交通发展现状。明确城市定位、特征与交通区位，需要对城市自然地理条件、社会经济发展、产业发展背景、所在区域发展状况等进行分析。

在明确城市交通区位的基础上，要重点对城市所在区域公路、铁路、航港、民航、城市交通的基础设施建设、客货运周转量、交通工具保有量、交通出行调查等数据进行深入分析，从而了解城市交通发展各方面详细信息，并识别城市交通发展的优势、劣势、面临机遇与挑战。

6.1.2 城市交通温室气体排放现状分析

在对城市交通温室气体排放现状进行分析时，交通部门采用“大交通”的概念，包括所有的交通运输工具，即从事运营的交通运输工具、非运营的企事业单位和私人所拥有的交通工具以及农业机械中的运输机械。

编制城市交通温室气体排放清单时，基于城市能源平衡表，通过自上向下的核算方式，可以较快获得较为完整全面的城市交通部门能源相关 CO_2 排放清单，并可与其他部门排放量进行比较，分析交通部门在城市整体排放中所占比例。但若要对交通部门进行深入的部门分析，例如，分析不同的交通出行模式和机动车类型的排放并研究相应具有针对性的部门低碳发展政策，则必须进行更为精细的自下向上核算，利用更微观的交通部门数据进行核算，得到城市交通部门排放的内部结构。

通过编制城市交通温室气体清单，既要分析交通部门温室气体总排放量的变化趋势，又要识别变化原因及交通部门内部的关键子部门。在此基础上，分别对交通活动水平、交通方式构成、交通能源强度、交通燃料构成等驱动因素的发展趋势进行分析，识别城市交通部门温室气体排放的主要驱动因素。进行自身时间序列纵向比较和与其他城市的横向比较，识别低碳交通发展面临的主要问题。

6.2 现代城市“生态化”交通发展构建方式

6.2.1 城市交通部门温室气体排放的情景分析法

城市交通部门温室气体排放的情景分析通常采用“两步法”。

(1) 根据交通部门相关规划与趋势，进行交通活动水平与交通方式构成情景分析，即交通需求情景分析。通常可利用常用的交通需求预测模型，在交通发展现状与未来的人口数据、经济发展预测数据基础上，预测目标年或某一时间点，各种交通模式下不同种类的交通工具的交通需求情况，得到各种交通运输方式的周转量数据。

(2) 在交通需求情景分析的基础上，根据相关规划、政策进展与技术发展情况，利用 LEAP 模型等分析工具，对交通能源强度与交通燃料构成两大驱动因素进行情景分析，得到交通能源需求与温室气体排放情景。具体而言，首先要将交通需求量与各种交通模式以及不同交通工具的能源效率相结合，以模拟未来交通能源需求，所得结果将是分设备、分燃料品种的交通能源需求。其后，根据交通能源需求得到的各种交通模式下的不同种类的交通工具汽油、柴油、天然气、液化石油气、电能等能源的消耗量，选取相应的排放因子，得到城市未来交通温室气体排放水平。

6.2.2 城市交通碳减排潜力分析

分析控制交通活动水平、优化交通方式构成、提高燃料利用效率和促进清洁能源应用等各种措施的减排潜力或相关效应，并评估相应的技术需求与投资需求。

6.2.2.1 控制交通活动水平

优化城市空间布局和有效的交通需求管理是控制交通活动水平的重要途径。

A 城市形态的重要因素

城市形态是决定城市交通活动水平的重要因素，从而对城市交通碳排放也具有重要影响。提高密度，增加土地混合利用程度以促进职住等城市功能平衡，增强连通性与可达性，可以缩短出行距离，控制交通活动水平。对于相同人口规模的城市而言，城市形态更加紧凑的城市人均交通排放要远远小于相对密度较低的城市。以巴塞罗那和亚特兰大为例，两城人口总量相近，巴塞罗那还要略多于亚特兰大，但其城市面积远小于亚特兰大，城市形态更为紧凑，因此人均交通碳排放量仅为亚特兰大的 1/10 左右。对中国城市的案例研究也表明，当城市人口密度降低时，居民机动化出行的碳排放呈现上升趋势。

B 优化城市空间布局

通过优化城市空间布局，整合土地利用以及交通规划，可以促进职住平衡，提升交通系统的效率，在满足居民生产与生活需求的基础上，尽可能减少出行量与出行距离，从而通过控制交通活动水平实现城市交通碳减排。优化城市空间布局一方面指土地混合利用，即在同一区域内合理配置居住区、商业区等，提高同一土地的复合功能；另一方面指优化道路系统。

土地混合利用有利于平衡职住关系，通过影响居民的出行方式、出行距离等交通行为选择，对居民交通碳排放产生影响。从碳减排的角度考虑，土地混合利用要优于大面积单一的商业区或住宅区。

从低碳交通角度考量，一般而言，密而窄的道路系统要优于疏而宽的道路系统。在道路网密度方面，国内城市路网在长度和面积上并无太大问题，但在结构和连接性上明显不足。欧美等机动化程度较高的国家，很多城市二三十年前道路面积率就已经稳定在 20%以上，在道路网布局方面，这些城市基本上都采用了“窄而密”的方格网布局模式，如芝加哥核心区街道尺度为 97 米×113 米，旧金山核心区街道尺度为 83 米×167 米，曼哈顿核心区街道尺度为 60 米×167 米。美国 AASHTO（American association of state highway and transportation officials）推荐的城镇干路网密度为 2.5~5.0 千米/平方千米，城镇道路网总密度为 10~15 千米/平方千米。

可以通过调查及大数据分析，评估城市空间形态指标对交通需求的影响，从而对不同城市空间形态发展路径的碳排放情景进行比较分析，评估优化城市空间布局的交通碳减排潜力。

C 交通需求管理

交通需求管理是通过对交通需求的源头管理和引导，降低道路交通负荷，实现交通供求关系动态平衡的综合性策略的统称。从城市交通需求产生机理可以看出，交通出行具有一定的弹性和可塑性，交通需求管理的主要出发点就是利用交通出行的这一特性，从交通需求的不同阶段、不同侧面采取对应策略，通过对交通需求特性的调整、交通选择行为的引导、道路交通量时间与空间分布特性的调节与管理，实现建设交通负荷小的城市、促进公共交通发展、降低道路交通负荷、强化步行与自行车等绿色交通方式广泛应用，实现交通领域的温室气体减排。广义的交通需求管理包括以下手段：

(1) 规划手段，即交通需求源头管理手段。从交通发生源角度，通过调整城市结构和土地使用形态，实现职住均衡、就近上下学、就近生活出行，从源头上减少交通总出行量、缩短交通出行距离。

(2) 政策手段，通过对公共交通实施优先政策，提高公共交通的服务水平，从而提高公交分担率。

(3) 经济手段，提高小汽车购买、拥有、使用成本，提高小汽车停车费，财政补贴公共交通等手段，达到适当抑制小汽车、促进公共交通优先发展的目的。

(4) 行政手段，利用行政强制手段或交通管理、企事业单位管理手段等调整交通需求特性和交通出行者的选择行为，包括改变交通出行时间、出行路线等。

(5) 科技手段，利用智能交通系统技术提供全方位的信息、进行交通诱导和交通控制、制定科学交通出行方案等。

(6) 宣传教育手段，通过宣传教育，改变人们的不良出行习惯，自觉自愿低碳环保出行。

中国各大城市已分别采取了对小汽车购买和使用限制等交通需求管理政策，如摇号政策（北京）、车牌拍卖政策（上海）、摇号与拍卖结合（天津、广州、杭州、深圳）、机动车尾号限行（北京、天津、贵阳、杭州等）、差异化停车收费政策（北京、广州、南京等），从实施效果看，对机动车保有量与交通活动水平的激增起到了一定的控制作用，同时也具有低碳效应。

6.2.2.2 优化交通方式构成

A 发展公共交通系统

(1) 公交系统在所有的公共交通方式中是线路最灵活、覆盖面积最大的，我国要想发展公共交通系统，就应该大力发展道路公共交通公交系统。可以通过如下措施来加强道路公交系统的建设：对现有的地面公交网络进行优化，使其结构和功能更加完善，最大限度的满足市民们出行的要求。根据乘客的人流量以及高峰期来合理地布置公交线网的布局；充分了解城市建设的布局，来合理地设计公交线路，以尽可能的满足市民需求和增加公交线路的覆盖率为目的，来科学的设置站点分布。另外，可以建立一些公交优先的政策。如开辟公交车专用行车道，其他车辆不得长时间占用。除了这些措施之外，学校可以发展校车、单位可以发展班车服务来减少私家车的出行。

(2) 轨道交通和快速公交系统。大力发展地铁、城际高铁等轨道交通对于缓解道路拥堵的情况有良好的效果，尤其是那些在人流高峰期赶时间的人最保险的出行方式。轨道交通与公交车比起来，具有干净卫生、运载量大的优点，轨道交通系统越来越完善，将会有越来越多的市民享受到轨道交通带来的便捷。快速公交系统（BRT）是近年来兴起的一种将现代化的公交技术和智能交通、运营管理相结合的一种新型的公交模式，快速公交有专用的行车道，站台也不同于普通站台，是新型的智能站台，它是一种具有轻轨级服务水准和交通运营服务的与其他任何客运系统都不同的新型城市客运系统。快速公交一般分区间线、大站快运、直达线、常规线和支线等多种多样的方式，使整个城市道路运输体系更加的完善。

(3) 公共交通运营服务。使公共交通在运营服务方面的整体水平都提高，这样在出行时就会有更多的市民选择公共交通的方式。提升公共交通运营服务水平，主要从以下两个方面来进行：1）硬件方面，增加车辆的数量、增多发车的次数，来提高乘客乘坐的质量，如尽量避免乘客乘坐时感到拥挤或等待的时间过长；2）建设三维的换乘体系，尽快的建设好综合性质的客运交通枢纽，使各种交通方式的转换性增强，尽可能的为市民创造方便的出行方式。

B 倡导非机动交通方式出行

步行和自行车出行基本上不产生碳排放，因其灵活便捷而被居民广泛采用。除了作为居民通勤出行单独采用的交通方式，步行和自行车还同时与公共汽车、地铁被绝大多数居民组合采用，作为从居住地点或者通勤终点到公交、地铁站点的“最后一公里”的有效补充。因此，倡导非机动交通方式出行，是降低居民通勤碳排放、增加公共交通使用率的有效手段。具体而言，可从以下几个方面着手。

(1) 充分利用旧胡同、街坊道路和支路开辟自行车交通系统，逐步形成地区性的自行车通行网络。

(2) 在市级商业区、中央商务区（CBD）等重点功能区以及新城，普遍建立与城市风貌和自然环境和谐的无障碍步行系统。

(3) 在新建住宅区，建设良好的自行车交通和步行设施，提高居住环境质量。

(4) 完善行人过街设施和行人步道系统，禁止挤占人行道和自行车道，确保自行车和行人出行安全、便利。

(5) 发展驻车换乘（P+R）系统，方便非机动交通方式与机动方式的组合使用。

20世纪60年代荷兰的Woonerf计划提出了“交通稳静化”的理念，即“将街道空间回归行人使用”，之后，德国、瑞典、丹麦、英国、法国、日本、以色列、奥地利和瑞士等欧洲国家掀起了交通稳静化潮流，倡导恢复一个“安全、安静、富有生活气息”的都市环境。一方面采取各种手段发展慢行交通；另一方面在街区周边道路上增加并优化公共交通服务。所采取的主要措施有：降低机动车辆速度、提高安全性、保障生活的质量等。

倡导非机动交通最为突出的城市是哥本哈根，它被国际自行车联盟（International Cycling Union）命名为2008~2011年的世界首个“自行车之城”。1912年，哥本哈根拥有50千米的自行车道，街道主要由电车轨道和自行车占据，几乎没有小汽车，之后的50年汽车不断增加，自行车受到抑制，1972年自行车数量达到最低。之后采取自行车推广策略，主要采取的具体措施有以下几个方面。

（1）提升效率。增加自行车道总长度，做好街区之间的网络连接；主要交通性道路建立自行车绿道系统，只允许自行车使用；增加自行车专用的近路，相对增加机动车绕行；十字路口缩减自行车道宽度，绿灯提前放行自行车。

（2）提升安全性。道路上所有交通灯变化频率按照自行车的平均速度设置；在机动车和非机动车道之间做好隔离；拓宽人行道并完善无障碍设施和座椅等街道设施。

（3）道路动态控制。在某些路段设置成特定时段自行车专用，在非机动车高峰时期可以用LED路面指示等手段使得一部分机动车道（如公交专用道）转变成自行车道。

（4）与其他交通模式整合。规定地铁和出租车携带自行车；在公共交通枢纽设置公共自行车；完善交通枢纽的自行车停放设施。

总之，推行非机动交通方式最重要、最根本的要素是使非机动交通的速度与方便性超过私家车。在机动车拥堵状况严重的城市中速度这一点并不存在很大难度，更需要做到的是保护自行车路权，提升安全性，做好自行车与公交之间的衔接，完善公共自行车使用与租赁系统等。

C 加强机动车管理

（1）机动车总量控制。在总量上对机动车的购买或使用进行控制从而抑制小汽车交通的产生，是抑制私家车交通需求最直接的方式。其主要的政策包括：1）提高车辆进口税。2）对私家车施行购买限制。以北京为代表的一些城市实行的是机动车牌照摇号限购政策，即符合一定条件的单位和个人才可以登记，申请购车指标，指标的分配通过摇号产生。而以上海为代表的一些城市则对新增车辆额度实行拍卖制度，对车辆牌照实行有底价、不公开拍卖的政策，从而对机动车数量进行总量控制。3）车辆登记税。新加坡于1968年施行机动车购置税费政策，大幅度提高车辆购置成本，1990年起通过车牌限制制度将机动车年增长率控制在低于3%的水平，2009年调整为低于1.5%，交通拥堵改善效果显著。

（2）机动车使用控制。综合考察国内外城市已有的机动车使用控制经验，具有显著效果和借鉴性的措施包括拥堵收费、停车收费、鼓励共乘、实行弹性工作制、利用油价杠杆调控等政策。拥堵收费通常采取两种形式：1）增加特定地区的通信收费。2）增加拥堵时段的收费。

停车收费政策主要包括以下措施：1）消除最小停车位配置。20 世纪 70 年代，美国的波士顿、波特兰和纽约等城市开始了消除最小停车位配置额的实践，尤其是在地铁站周边地区，不仅减少车位而且提高收费，再如中国香港的某些住宅区平均 4~8 户才拥有一个车位。2）加强路内停车和路外停车设施的统筹管理。不需要为每一个建筑单独提供停车，尽量向公共开放，修改建筑物最低停车配建标准。3）基于使用率的路内停车浮动定价。4）将停车收费所获得的盈利再次运用于公共设施建设等。5）减少路内停车，鼓励停车与目的地分离。对于供应紧张的商业区路内停车，以差异化收费或施加停车时间上限的手段鼓励短时间停车。

鼓励共乘政策也可以提高机动车载客运输效率。洛杉矶等城市推行了高载客汽车专用道（HOV）政策，充分利用现有道路容量，鼓励私家车使用者拼车出行。其他鼓励共乘政策包括：对于合乘车辆免收过路费，为合乘车辆提供优先停车面积等。

实行弹性工作制，调整工作时间，也可以减少通勤高峰时间的机动车使用。例如，规定灵活的工作时间，压缩工作日，通过调整某些行业的上下班时间，错开上下班高峰等。通过油价这一价格杠杆也可以调节私家车主对小汽车的使用行为。由于消费者对于油价具有一定的消费价格弹性，因此在油价上涨时会倾向于减少私家车的使用行为。以日本为例，国内油价保持在较高水平，对控制私家车的使用行为产生了一定的效果。

6.2.2.3 提高燃料利用效率与促进清洁能源应用

通过改善交通工具与燃料来促进交通低碳化发展有两类技术手段：（1）通过提高交通工具及系统性能来提高燃料利用效率，包括提高引擎、动力传动系与机动车设计、使用新型轻质材料、提高空气动力学性能等；（2）用天然气、生物燃料、清洁一次能源产生的电力和氢能等低碳能源替代石油产品，以降低燃料碳强度。

因此，在提高燃料利用效率与促进清洁能源应用方面，低碳交通关键技术大类包括传统机动车节油技术和提高燃料经济性技术、代用燃料汽车技术、混合动力汽车技术、电动汽车技术、燃料电池汽车技术等。

促进燃料效率提高的政策抓手是燃料经济性标准。根据国际文献的综合比较，中国目前的乘用车新车平均燃油经济性处于世界中等水平，与日本和欧盟相比，仍存在一定的节油潜力。中国的私家车燃油经济性受国家标准制约而不断提升。

6.2.3 重点行动与政策措施

6.2.3.1 低碳交通重点行动的分析框架

不同发展阶段、规模和结构形态各异的城市，对交通的需求也存在很大的区别，所以在城市低碳交通的发展方面也应该区别对待。根据人口的规模，以一百万和三百万为分割点将城市分为3个等级，不足一百万，一百万以上、三百万以下，三百万以上。城市的等级不同，那么在低碳交通的发展中，其发展的重点和优先的顺序都是不同的。

城区人口超过300万的城市，一般是全国、大区域中心城市或其他省会城市。发展低碳交通的重点通常包括：构建以大流量快速轨道交通为主体，常规公共交通为辅助的公交体系，引导私人机动化交通出行方式向公共交通转移，倡导自行车、步行等非机动交通的发展；优化功能区布局，疏解主中心过度密集的人口，发展功能完备的副中心与新城，控制出行总量，缩短出行距离；加强交通需求管理，合理引导私人机动车的购置和使用，创新交通运输组织管理模式，发展智能交通系统；提升交通工具燃料经济性水平，促进清洁能源交通工具的应用。

城区人口在100万~300万的城市，通常是主要城市圈（带）中围绕特大城市的二级城市，或是城镇体系发育阶段形成的核心城市，目前正处于人口进一步集聚、建成区面积扩张较快的阶段。发展低碳交通的重点通常是：促进交通规划与土地利用规划的结合，鼓励以公共交通为导向的开发模式（TOD），注重发挥交通引导城市空间结构合理发展的作用，控制未来城市交通的出行总量与出行距离；在城市发展的过程中，应该在城市发展之前至少是发展的同时，进行规划和公共交通系统的构建，对私家车等私人机动车出行的增长率进行一定的控制，如果各方面的条件允许，可以进行轨道交通的建设；使交通工具的动力能源的经济性提高，可以制定相应的政策来推行清洁能源的交通工具，如电动车。

中小城市的人口数量较少，不足100万，公共交通发展的水平也不高，市民对交通的需求越来越大，同时私家车的数量急剧上升与城市低碳化的要求是相互冲突的，这样城市要落实城市低碳化将面对着更大的困难。要想发展低碳交通就要注重以下几点：（1）建设一种效率高但成本低，同时服务质量好的普及型的公共交通系统，使居民养成使用公共交通工具的习惯并形成常态；（2）建设公交系统是发展公共交通的一个非常重要的方面，但是自行车和步行方式的出行环境也要进行改进，鼓励人们采用这些非机动的出行方式；（3）要及时地对城市空间布局进行规划，以免城市无限的扩大。

6.2.3.2 城市低碳交通发展的政策措施

常见的城市低碳交通政策根据政策目标的差异，可以分为6大类：（1）提高车船燃料的经济性；(2) 城市规划与土地利用的优化；(3) 加快公共交通基础设施建设，实施“公交优先”战略；(4) 发展非机动交通；(5) 加强机动车出行需求管理，推广现代运输组织方式；(6) 推广智能化信息化技术在交通部门的应用。

国内外各大城市在促进城市低碳发展方面有丰富而多样的政策实践，对相关政策的专题研究也取得了诸多成果，可资城市低碳交通决策者与研究者借鉴。

6.3 现代城市交通“生态化”与城市空间探索

6.3.1 低碳城市空间的形态

城市形态指的是城市整体空间格局，包括空间范围，空间形态，街道、建筑、各种基础设施与服务功能的布局。研究表明，城市形态会对居民的日常生产生活等各种行为产生结构性的影响，并且城市形态一旦形成则很难改变，具有“锁定效应”，对居民的日常行为活动、能源消费及温室气体排放具有长期、深远的影响。城市空间形态对碳排放的影响主要体现在基础设施、交通、建筑等领域。

6.3.1.1 城市空间形态与基础设施碳排放

城镇基础设施的建设、运行与更新，以及所需原材料的生产，将引起巨大的能耗与碳排放。且城镇基础设施系统的构成与空间布局具有“锁定效应”，一旦建成，在数十年甚至上百年内很难进行系统性的调整，能源消费与碳排放水平将被长期锁定。达到工业化国家水平，未来基础设施的碳减排途径主要是：(1) 通过提高工业能效及非化石能源的利用，降低原材料生产的碳排放强度；(2) 依靠技术进步，以及更合理的城市设计与建筑设计，减少单位基础设施的原材料消耗；(3) 依靠更合理的城市规划，优化城市形态，提高基础设施使用效率，降低提供单位公共服务的基础设施建设需求，譬如较高密度的城市人均管网与道路长度更短。在快速城镇化阶段，通过优化城市形态提高基础设施使用效率，实现控制碳排放目标的潜力较大。

6.3.1.2 城市空间形态与城市交通碳排放

城市交通部门温室气体排放由交通活动水平、交通方式构成、交通工具的能源强度、不同燃料组成对应的排放因子四类因素所决定。大量实证表明，城市空间形态对交通活动水平与交通方式的构成有重要影响。高密度与功能混合、职住平衡的城市或城区，居民平均出行次数较少、里程较短，交通活动水平通常更低。可达性与连通性较高、高密度与功能混合的城市或城区，公共交通与非机动交通出行等相对低碳出行方式所占比例通常较高。此外，优化城市形态带来的道路交通状况改善可优化道路工况，提高燃料经济性。为新能源交通工具提供便利的城市规划，如考虑了充电桩、加氢站等基础设施系统的规划，有助于交通燃料结构的改善。

6.3.1.3 城市空间形态与建筑碳排放

在建筑领域，有研究认为，城市空间形态通过影响住房消费和城市热岛效应，影响着家庭住宅能耗及碳排放。与紧凑型城市相比，在密度较低的城市中，家庭平均居住面积更大，在空调、取暖、照明等方面的能源需求更大，因而家庭住宅能耗更高。另外，紧凑型城市的热岛效应更明显，热岛效应可能增加夏天空调制冷的能耗，但同时会降低冬天取暖的能耗。

6.3.1.4 低碳城市空间形态的主要特征

低碳城市空间形态通常具有较高的密度、土地混合利用程度、连通性和可达性。密度包括居住密度、就业密度等，是测度城市空间形态的核心指标。高密度有助于减少居民的平均出行里程，鼓励居民选择相对低碳的交通出行方式（如公共交通、步行、自行车等）。因此，高人口居住密度与高就业密度的城镇居民平均交通碳排放较低。提高土地利用混合程度可以平衡各种功能布局，特别是提高职住平衡程度，进而控制交通活动水平与相应的温室气体排放。

连通性指的是交叉路口的设计、街道密度和十字交叉路口的密度。具有较小街区和较高十字路口密度的城镇连通性更高。高连通性空间形态有利于居民采用自行车和步行等非机动交通方式，交通碳排放更小。

可达性指的是各种城市功能与交通站点的可到达程度，包括就业可达性、购物可达性、公交站点可达性等。高可达性的城镇交通出行方式更为多样化，平均出行里程更短，出行相关能耗与碳排放更少。

6.3.2 城市空间结构的探索

交通是一个空间特性极其突出的范畴，城市交通始终与城市空间结构形态及其演化交织在一起，密不可分。

城市空间结构及其演化是城市居民的交通需求的重要决定因素，居民的交通需求表现为居民具体的一系列交通出行行为，从而形成了城市交通系统的能源消耗与温室气体排放水平。

6.3.2.1 城市空间的空间结构对城市交通需求的分析

城市空间演化，主要是指城市物质要素在地理空间上的分布变化情况，包括城市空间的规模变化、各种用地功能在空间上的布局变化等。本书在分析城市空间结构与居民交通需求间互馈关系的基础上，重点分析前者对后者的影响。

A 城市交通与城市空间结构的相关性

根据现实中城市交通与城市空间布局之间的关系，可以将两者之间的相互作用、共同发展的模式概括为四种类型。

(1) 以小客车出行为主的“美国模式”。洛杉矶、华盛顿、底特律等美国城市是这种模式的典型代表城市。该类城市的空间结构完全为适应小客车出行而设计，城市道路不是以某一区域为中心向外发散，而是呈现矩形状的网络结构，高速公路和城市快速路成为主要的城市主干道。城市由多个分散的规模相差不大的空间区域构成，并不存在一个明显强于其他地区的居住中心或就业中心。

(2) 存在城市主中心，但限制该中心发展的模式。哥本哈根是一个采取这种模式发展的典型案例城市。该市具有城市主中心，但在城市空间发展过程中尽量限制原有市中心向外继续扩张，从城市主中心放射出主要公共交通干线，通过以公共交通为导向的发展方式，将城市扩展所形成的新居民区和就业区、公共服务设施都尽量安排在公共交通干线附近。这些公共交通干线可以沟通城市原有的市中心与城市扩展后形成的新城区。这种模式有一箭双雕之效果，一方面，市中心可以继续作为最重要的商贸区发挥经济中心与就业中心的功能；另一方面，居民区与公共服务设施可以向郊区扩散，改善了原有市中心的交通状况。

(3) 围绕强大市中心发展的模式。巴黎、东京、纽约、悉尼等很多国际大都市都以这种形式进行空间拓展与城市交通发展。这些城市在近代大多已经形成了强大的 CBD 和市中心，居民居住区与就业区围绕市中心密集分布，同时地面与地下公共交通系统都较为发达。由于发展历史较长，改变现有城市空间整体格局的成本较高，因此较为合理的战略是围绕原有的市中心拓展城市空间与各种城市功能分布，用高度发达的轨道交通与城市道路交通网来提供足以满足居民出行需求的交通服务。

(4) 控制私人小客车交通发展的低碳模式。以这种模式发展的城市通常都曾面临较为严重的交通拥堵压力，因此在城市空间布局发展方面尽量分散城市功能，发展城市副中心与更次一级的区域小中心，鼓励就近就业和购物，尽量缩短居民各种生存性和维持性的出行需求的出行距离。在城市发展战略上倡导土地的混合利用，促使居住、就业、购物、游憩娱乐等活动用地混合分布，以缩短居民的交通出行距离。同时这些城市推行公交优先策略，对私人小客车在城市内部的出行需求进行严格管理，通过停车收费、拥堵收费、城市区域道路收费等政策限制私人小客车在城市中心区的使用，同时也对公共交通、非机动交通等出行方式进行鼓励。伦敦、新加坡、中国香港、斯德哥尔摩都是这种类型的典型城市，这些城市的私人小汽车出行所占比例相对较低，居民出行方式低碳化发展程度较高。

B 城市空间结构及其演化对城市交通需求的影响

从城市交通与城市空间结构及其演化的相关性可以看出，城市空间结构及其演化对城市交通具有强烈的影响，特定的城市空间结构将会导致城市形成相应的城市交通方式构成。

(1) 城市空间的功能分区。根据《雅典宪章》，城市具有四大基本功能，即居住、工作、游憩与交通。按照所承担的活动的不同，可以将城市空间分为如下功能区：居民居住区、政治功能区、办公集聚区、商贸功能区、工业功能区、游憩娱乐区、休闲健身区与绿化带、仓储功能区等，不同的城市功能区的特性也有所差异。这里主要对居民居住区、商贸功能区、工业功能区和游憩娱乐区进行简要介绍。

居民居住区是城市居民集中居住的地方，而居住是城市最为重要的一项功能。在一个城市中，通常居民居住区分布最广，占地面积也是最大的。居民居住区以居民住宅为主，在居住功能之外，同时也有针对居民的基本社区服务功能，这些服务包括了基本的商业与服务业。不同类型居民区的分布地区有所差异，高档住宅区通常分布在环境较好、交通便利的郊区，而中低收入居民聚居的居住区通常分布在就业中心附近。商贸功能区是城市特有的一种功能区，第三产业中的批发零售业、高端商业与服务业通常都分布在这一区域。零售业要求该地区交通便利，且交通流量较大，高端商业与服务业则要求这类地区与办公聚集区距离接近。因此，在现实中的大城市内部，商贸功能区通常与办公聚集区紧密相连，二者共同构成了城市的经济活动中心与就业中心。对于已经完成工业化或进入工业化后期阶段的城市，第三产业在产值与就业人口比例上都已经位居各产业之首，居民就业主要集中在商贸功能区与办公聚集区，二者构成了城市的 CBD 区域。

工业功能区是城市中工业企业相对集中的区域。由于工业企业对于交通流量并无特定的要求，而且与商业和服务业相比，工业企业对于土地租金与房屋租金的支付能力相对较弱，因此工业功能区通常都位于居民居住区与商贸功能区的外围。资本密集型的大型工业企业与污染较为严重的企业通常分布在城市的郊区。

游憩娱乐区是文化表演业、餐饮业、娱乐业等服务业相对集中的地区，在城市中通常与商贸功能区距离较近，甚至与其混合分布，同时与居民居住区距离也不会太远，或者之间有较为便利的交通基础设施与公共交通服务。在某些大城市，由于游憩娱乐业发展成为占地规模较大的产业集群，因此会在城市郊区聚集，形成与 CBD 相对的 CRD。

(2) 城市功能分区与居民交通出行分布。由于各个城市功能区所承担的城市功能不同，因此对应的交通出行吸引能力与交通出行生成能力差异也很大。

居民居住区是城市交通出行生成能力最强的功能区，大多数城市居民的出行是以家为基础的，无论通勤、通学等生存性需求，还是购物、就医等维持性需求，以及社交、游憩等发展、娱乐类的需求，大多都是以居住地为起点的。而对于回程出行而言，居民居住地几乎是唯一的目的地，具有强大的交通出行吸引能力。

商贸功能区对于购物等居民的维持性出行需求，具有强大的吸引能力，同时由于城市中的商贸功能区往往也是能够提供大量就业机会的就业中心区，这些区域对于居民通勤的生存性出行需求也具有强大的吸引能力。对于第三产业在经济结构中占主导的城市而言，城市空间内大部分出行活动都发生在居民居住区与商贸功能区（包括办公集聚区）之间。

工业功能区主要与在工业企业就业的居民出行有关，它既是这些居民通勤的目的地，又是他们回程的出发地，对于这些居民的通勤与回程出行而言，具有一定的交通出行吸引能力与生成能力。由于工业功能区通常都位于居民居住区与商贸功能区的外围，而资本密集型的大型工业企业与污染较为严重的企业通常分布在城市的郊区，因此这种通勤行为与回程行为对应的出行距离通常较长，发生在郊区与靠近市中心的居民居住区之间。

城市居民在工作日与非工作日的出行行为具有较大差异。居民在工作日的出行通常以通勤、通学以及回程等生存性出行为基础，辅以购物、社交等维持性出行需求，而在非工作日则以购物、社交、游憩、娱乐等目的的出行为主。因此城市居民的交通出行分布在工作日主要发生在居民居住区与商贸功能区、工业功能区之间，分布相对较为集中，而在非工作日则主要发生在居民居住区、商贸功能区、游憩娱乐区、休闲健身区之间，分布相对较为分散。

（3）城市土地混合利用与居民交通出行。各个城市的土地开发利用模式与形成的功能格局千差万别，但是总体上可以分为两种土地利用类型，即单一功能用地和多功能混合用地。这两种用地类型又对应着单中心城市与多中心城市两种城市空间结构布局。

单一功能用地模式是指对于某一区域的土地，主要以一种功能为主，其他功能为辅的用地模式。多功能混合用地模式是指在某一区域的土地上，同时发展多种不同的城市功能，发挥土地的综合效益。例如，在同一块土地上，使居民居住功能、商贸服务业功能与休闲健身功能混合分布。由于单一功能用地导致的交通“潮汐现象”与严重的交通拥堵压力，因此多功能混合用地模式才应运而生。其目的在于分散城市功能，将单中心模式发展为多中心模式，缩短居民的出行距离，同时也就减少了私人小客车出行在城市交通方式构成中所占比例。在时间上也可以使各种目的的交通出行相互交错，控制交通出行高峰的交通流量，平衡交通出行的时空分布。然而，城市的兴起是由劳动力市场表现的规模递增规律所驱动的，因此理想化的绝对多中心模式分割了统一的城市劳动力市场，与市场规律相违背，因此并不可能完全实现。在实际的城市发展中，单一功能用地模式与多功能混合用地模式同时存在，单中心与多中心格局也常常同时存在于同一个大城市中。

6.3.2.2 城市空间结构对居民交通行为的影响研究

居民的交通需求在现实中会表现为居民交通出行方面的一系列选择行为，包括出行距离的确定、出行频率的确定、出行方式的选择等。交通需求是交通出行行为的基础，交通出行行为则是交通需求的具体表现形式。交通需求反映了居民空间移动的潜在需求，可以通过不同形式的交通出行行为得到满足。城市空间结构及其演化与城市交通的关系不仅体现在对居民交通需求的影响方面，而且表现为对居民一系列具体交通出行行为的影响。

A 城市空间规模对居民交通出行总量的影响

城市空间规模主要是地理意义上的空间范围，即城市在空间上的大小程度。城市空间规模的扩大往往伴随着城市常住居民总量的增加，而伴随着常住居民总量的增加，居民交通出行总量也会在一定程度上不断增加，因为根据居民出行行为的一般规律，在一定时期内，同一地区的居民日均出行次数基本是一个常数，波动极小。在这一规律的作用下，城市居民交通出行总量的大小与城市空间规模的大小成正比，表现为一种正相关关系。

同时应该注意到，城市空间规模的扩张通常是城市化发展进程中的一种现象，城市化进程与工业化进程同步，城市空间规模的扩张一般也与城市经济发展同步，而城市经济的快速发展在一定程度上会促使城市居民生活水平得到提高，从而出行需求会有所增加，这也会引起居民交通出行总量的上升。

B 城市空间规模对出行距离的影响

城市空间规模就是一种地理空间性质，因此与居民出行距离具有极强的相关性。在城市发展初期，空间规模较小，居民的出行距离相应也较短。随着城市的发展，空间规模不断扩大，居民的出行距离也大幅度增加。

总体上，居民出行距离的长短与城市空间规模的大小成正比，即城市规模越大，居民的平均出行距离就越长；城市规模越小，居民的平均出行距离就越短。其内在原因是，随着城市空间规模的扩大，居民的居住地、居民就业地、商贸服务业聚集地、休闲娱乐业聚集地的分布都会越来越分散，在单中心城市中，这种趋势更为明显。这种趋势的直接后果是导致居民完成各种活动的出行距离逐渐变长。

C 城市空间规模对交通方式的影响

城市空间规模的大小不仅会影响居民交通出行总量的大小、居民出行距离的长短，同时也会影响居民交通方式的选择行为。不同的城市空间规模与不同的交通方式相适应。城市的空间规模越小，常住居民数量通常也越少，居民出行总量较小，出行距离也相对较短。在这种情况下，步行与自行车出行等非机动出行方式成为交通方式构成中的主体。

当城市的空间规模扩张到一定程度后，城市中居住、就业、游憩等各种功能分散程度较高，居民的平均出行距离较长，交通拥堵压力也开始增加。机动化出行开始在城市居民出行结构中占据主导位置。根据以往的研究，居民对于出行成本与出行时间都有一个较为固定的预算值，选择机动化交通方式的重要原因是在既有的出行时间预算内完成必需的交通出行活动。

参考文献

[1] 王卫．城市交通与城市经济发展［M］．南京：东南大学出版社，2016.
[2] 邵春福．城市交通概论［M］．北京：北京交通大学出版社，2016.
[3] 杨宝路．中国低碳城市交通发展研究［M］．北京：中国环境出版社，2017.
[4] 张洪满．城市公共交通运营管理［M］．北京：北京大学出版社，2014.
[5] 邵春福．交通规划原理［M］．2 版．北京：中国铁道出版社，2014.
[6] 陆化普，李瑞敏．城市智能交通系统的发展现状与趋势［J］．工程研究：跨学科视野中的工程，2014（1）：6~9.
[7] 焦新龙．城市交通现代化管理战略研究［M］．杭州：浙江大学出版社，2012.
[8] 吴忠，夏志杰．城市轨道交通智能化运营管理研究［M］．上海：同济大学出版社，2013.
[9] 袁振洲，等．城市交通管理与控制［M］．北京：北京交通大学出版社，2013.
[10] 曲大义，陈秀峰，魏金丽．智能交通技术及其应用［M］．北京：机械工业出版社，2012.
[11] 阎国强，仇海兵．城市轨道交通概论［M］．2 版．北京：人民交通出版社，2012.
[12] 慕威．城市轨道交通运营组织［M］．北京：人民交通出版社，2012.
[13] 陈峻，徐良杰，朱顺应，等．交通管理与控制［M］．北京：人民交通出版社，2012.
[14] 冯树民．城市公共交通［M］．北京：知识产权出版社，2012.
[15] 刘小明，何忠贺．城市智能交通系统技术发展现状及趋势［J］．自动化博览，2015（1）：58~60.
[16] 韩强．城市交通系统优化问题研究［M］．北京：经济科学出版社，2011.
[17] 冯树民，白仕砚，慈玉生．城市公共交通［M］．北京：知识产权出版社，2011.
[18] 胡永举，黄芳．交通港站与枢纽设计［M］．北京：人民交通出版社，2011.
[19] 黄卫，张宁．智能交通系统理论研究与实践［M］．南京：江苏科学技术出版社，2011.
[20] 毛保华．城市轨道交通规划与设计［M］．2 版．北京：人民交通出版社，2011.
[21] 孔令斌．城市发展与交通规划［M］．北京：人民交通出版社，2009.
[22] 交通运输部道路运输司．城市公共交通管理概论［M］．北京：人民交通出版社，2011.
[23] 郝胜风．城市交通管理［J］．交通世界运输．车辆，2011（7）：92~93.
[24] 吴念祖．虹桥综合交通枢纽旅客联运研究［M］．上海：上海科学技术出版社，2010.
[25] 李得伟，韩宝明．行人交通［M］．北京：人民交通出版社，2011.
[26] 孔情情，李晔．综合客运枢纽导向标志系统的评价指标体系研究［J］．城市轨道交通研究，2011，14（5）：83~86.
[27] 李得伟，韩宝明．行人交通［M］．北京：人民交通出版社，2011.
[28] 何建伟，曾珍香，李志恒．智能交通系统实施效益的综合评价研究［J］．交通运输系统工程与信息，2010，10（1）：81~87.
[29] 杨晓光，白玉．交通设计［M］．北京：人民交通出版社，2010.
[30] 郭秀成．城市交通规划［M］．南京：东南大学出版社，2010.
[31] 孙章，蒲琪．城市轨道交通概论［M］．北京：人民交通出版社，2010.

[32] 耿幸福，宁斌．城市轨道交通运营安全［M］．北京：人民交通出版社，2010.
[33] 刘莉娜．城市轨道交通客运组织［M］．北京：人民交通出版社，2010.
[34] 李朝阳．城市交通与道路规划［M］．武汉：华中科技大学出版社，2009.
[35] 李瑞敏．城市道路交通管理［M］．北京：人民交通出版社，2009.
[36] 闫平，宋瑞．城市公共交通概论［M］．北京：机械工业出版社，2011.
[37] 孙家驷．道路立交规划与设计［M］．北京：人民交通出版社，2009.
[38] 罗霞，刘澜．交通管理与控制［M］．北京：人民交通出版社，2008.
[39] 袁振洲，魏丽英，谷远利．道路交通管理与控制［M］．北京：人民交通出版社，2007.
[40] 吴兵，李晔．交通管理与控制［M］．北京：人民交通出版社，2009.